진상 고객
갑씨가 등장했다

이 책은 경기콘텐츠진흥원 우수출판콘텐츠 제작지원에 선정되어 지원금으로 제작

되었습니다.

진상고객 갑씨가 등장했다

감정노동자
보호 매뉴얼

윤서영 지음

커리어북스
CAREER BOOKS

프롤로그

2018년 10월 18일 감정노동자 보호법이 시행되었다. 대기업을 포함해 자영업까지 이제 사업주는 직원의 감정노동이 발생하지 않도록 보호할 책임이 있다. 그것은 고객의 폭언·폭행 혹은 업무에서 오는 스트레스로 인한 정신장애까지 포함된다. 대기업은 물론 자영업을 하는 사장님들까지 어떻게 해야 하는지 모르겠다. 다들 하니 매장과 전화 ARS 앞에 '직원에게 폭언·폭행을 하지 말아주세요!'라고 적어보고 멘트를 녹음해본다. 그 뒤는 나도 잘 모르겠다.

현재 우리가 직면한 문제를 적어본다.

1. 직원의 감정노동이 발생한 이후의 책임은 사업주에게 있다.

2. 사업주란, 대기업을 비롯해 가게를 운영하는 자영업을 포함한다.

3. 직원의 범위에 아르바이트도 포함된다.

4. 고객의 폭언·폭행 이외에 업무상 스트레스로 인한 정신장애도 산재에 포함된다.

5. 정신장애가 발생할 가능성이 있는 직원은 관리가 필요하다.

6. 그런데 정신장애가 어떤 증상을 나타내는지 모른다.

법이 시행된 이후 시간이 흐르면서 '울산 맥도날드 사건'과 같은 실사례가 발생하고 있다. 그러나 우리는 어떻게 해야 할지 몰라 방황하고 있다. 이러한 방황을 줄이라고 고용노동부에서는 '감정노동 종사자 건강보호 핸드북'을 작성해 국민이 사용할 수 있도록 배포했다. 그러나 매뉴얼이나 프로세스 맵이 현업에 적용하기에는 무엇인가 부족하다는 의견이다. 강의를 다니며 답답한 마음이 들어 책을 집필하게 되었다.

이 책에서 제시하는 것은 다음과 같다.

1. 불만고객을 대비해 직원을 사전에 훈련할 수 있는 매뉴얼과 프로세스 맵을 제시한다.

   사업장에 맞게 어떻게 응용해서 사용할 수 있는지 제시한다.

2. 업무상 스트레스로 발병 가능한 여섯 가지 정신장애의 객관적 증상을 DSM-5로 제시한다.

   불면증, 체중감소 등 구체적인 증상으로 정신과 진료가 필요한지 판단할 수 있다. 단, 자세한 진단은 정신과에 가서 면담하고 책에서는 진료 필요 여부만 판단함.

3. 직원의 감정노동 해소 방안을 제시한다.

   제시된 방법을 활용해 사업장에 맞게 재구성할 수 있다.

4. 대기업이 불만고객을 분석해 어떻게 대응했는지 알 수 있다.

5. 기업의 경영전략에 따라 고객이 학습될 수 있음을 인지한다.

   목소리 큰 고객에게 지금 당장 편하다고 금전적 보상으로 학습시켜서는 안 된다.

6. 화나게 하는 불만고객을 어떻게 응대해야 하는지 방법을 안다.

7. 불만고객 응대를 하면서 나를 보호할 방법을 안다.

녹취, CCTV, 경찰 대동 등.

8. 고객과 나는 동등하다.

2019년 워커밸_Worker & customer balance 시대가 열렸다. 이제 동등한 입장의 고객과 어떻게 현명하게 소통할 것인지와 그 고객을 어떻게 현명하게 내 고객으로 만들 것인지에 대해 새로운 방식으로 고민해야 한다. 기존에 해왔던 방식으로 더는 어렵다. 직원을 어떻게 보호하고 존중하며 함께 갈 것인지 사업주는 고민해야 한다.

5년 전쯤 외국계열 회사로 강의를 하러 나갔다가 명상을 진행한 적이 있었다. 외국어로 상담을 하는 회사로 직업에 대한 나름의 프라이드가 높은 회사였다. 명상하던 도중 강사가 난감할 정도로 직원들은 박장대소했다. 마음에 대해 알고 있다고 생각하지만 실제로 우리는 마음에 대해 많이 생소하다. 그것을 받아들이고 다독이기 위해 마음이 있다는 것을 생각하기조차 힘들었다.

그러나 이제 시대가 바뀌었다. 내 마음은 내가 관리해야 하며, 직원의 마음까지 살펴야 한다. 모두 산업재해의 범위 안에 들어갈 수 있다. 많이 배웠던 그들이 박장대소할 정도로 생소했던 명상을 이제는 정신건강을 위해 모든 직업에서 시행해야 한다고 조심스럽게 제안해본다.

워라밸_Work & Life balance 시대! 자신의 권리를 보장받을 수 있도록 법 개정이 우리에게 어떤 의미인지 알아야 할 때이다. 겨울에 시작한 책이 가을이 지나서야 마무리되어 간다. 지금까지 모든 책을 열심히 썼지만, 이 책을 쓰며 심리학·의학·경영학 등 다방면으로 찾아본 100여 편의 논문이 많은 사람에게 도움이 되었으면 하는 바람이다. 책과 함께 개발하려고 오랜 시간 기다려준 이러닝 회사 유밥에 감사한 마음이다.

차례

워커밸 시대

Part 1

기업과 함께 성장한
불만고객

서비스 시장은
어떻게 변화되었나?

[맥도날드 불만고객 사례]

다음 내용은 2018년 11월 울산 맥도날드 매장에서 발생한 불만고객 사례를 각색한 것이다.

점 원 안녕하세요~ 고객님~

주문을 도와드릴까요?

고 객 (메뉴판을 잠시 응시하더니)

○○○ 버거 5개 주세요~

점 원 ○○○ 버거 5개 말씀입니까?

고 객 네!

(대답과 함께 카드를 내민다)

점 원 네! 버거 5개 모두 가격은 32,000원입니다.

고 객 (영수증을 가져간다)

잠시 후….

점 원 고객님, 주문하신 햄버거 단품 메뉴 포장 나왔습니다.

고 객 어라! 햄버거 세트 메뉴 시켰는데 왜 단품이 나온 거야?

점 원 고객님 주문 명세표에 햄버거 단품 메뉴 주문하신 것으로 나와 있습니다. 받으신 영수증 참고하시면 되겠습니다.

고 객   거참! 햄버거 세트로 주문했다니까!

점 원   죄송합니다, 고객님! 포장하신 제품은 단품 메뉴가 나왔습니다.

고 객   주문도 제대로 안 받고 뭐라는 거야? 에라! 안 먹어!

(말과 동시에 점원의 얼굴에 포장되어 나온 햄버거 뭉치를 던진다)

포장된 햄버거 뭉치는 점원의 얼굴을 맞고 바닥에 떨어진다. 점원들이 모두 놀란 얼굴로 달려왔고, 얼굴에 햄버거를 맞은 해당 점원은 손바닥으로 얼굴을 감싸고 주저앉아 운다. 고객은 화가 난 얼굴로 씩씩거리며 매장에서 나가버린다.

다음 날, 해당 매장의 점장은 고객을 폭력 및 폭행 혐의로 경찰에 신고한다. 이 사건은 포털 사이트 메인 뉴스에 게재되었으며, 고객의 신상정보가 SNS를 통해 관심받기 시작한다. 5일 뒤, 경찰서에 호출된 고객은 점원에게 미안하다며 사과하고 싶다고 진술했다.

햄버거를 던지고 유유히 사라졌던 고객은 왜 갑자기 사과했을까?

2018년 10월 18일부터 산업안전보건법 개정안이 시행되어 감정노동자에게 폭언·폭행하는 사람은 처벌 대상자가 된다. 과거에 '고객은 왕이다'라는 관점에서 고객이 점원에게 사과하는 시대까지 서비스 시장에 어떤 변화가 있었던 것일까? 서비스 시장의 변천사를 살펴보고, 서비스가 어떻게 변화했는지 알아보자.

01
시장은 어떻게 진화했는가?

고객에게 제공되는 서비스가 어떻게 변화되었는지를 다루기 전에 기업의 입장에서 서비스 시장이 어떻게 변화했는지를 알아보겠다.

국내 시장의 서비스 질은 생산품의 양과 질에 따라 점진적으로 변화했다. 국내에 대량생산을 위한 공장이 들어서기 이전의 제조업은 대부분 가내수공업이었다. 가내수공업은 지금은 시골에서만 볼 수 있다. 시골의 막걸릿집, 닭집은 대부분 운영 시간이 명확하지 않고, 갖추어진 상품의 양도 불규칙하며, 서비스의 개념이 모호하거나 없는 경우가 대부분이었다.

명절에 시골 막걸릿집에 가면 사장님은 눈길도 주지 않고는 퉁명스럽게 말한다.

"오후 3시는 돼야 댜~ 그때 와!"

명절은 막걸리가 부족하기 때문에 운이 좋으면 막걸리가 완성된 시점에 도착할 수도 있고, 그렇지 않으면 집으로 돌아갔다가 다시 와야 한다. 사장님은 친한 사람에게 막걸리를 먼저 줄 수도 있고, 다녀간 사람이 언제 다시 올지 알 수 없으니 막걸리가 완성되는 시점에 오는 사람부터 줄 수도 있다. 어떤 매장을 들어가도 미소를 띠며, '어서 오세요~ 반갑습니다!'라고 인사하는 요즘 매장과는 상반된다.

이처럼 가내수공업에 의존하던 시기에는 상품을 가지고 있는 사람, 즉

생산자가 왕이었다. 이 시기에는 상품이 귀했기에 구매 행위 자체도 쉽지 않았다. 지금은 시골에나 있는 막걸리 가게의 장면이 당시에는 대부분의 가게 모습이었다. 서비스라고 할 만한 것은 막걸리를 기다리느라 두 번 방문한 고객에게 모주(母酒)_술지게미에 물을 타서 뿌옇게 걸러낸 탁주 한잔 권하는 정도다. 또 상품의 질도 일정하지 않아 사장의 컨디션에 따라 막걸리의 농도나 맛이 그날그날 달랐다. 가내수공업은 사람의 손으로 만들다 보니 상품의 질이 균일하지 않았다.

세계적으로 산업혁명이 일어나면서 공장이 세워지고 상품을 기계로 찍어내기 시작한다. 이즈음부터 대기업이 등장해서 공장을 세우고 상품의 양과 종류도 증가한다. 물류나 유통도 발전해 과거에는 동네에서 만든 막걸리만 마실 수 있었다면 이제는 마트에서 상품으로 판매하는 다양한 막걸리 중 하나를 고르게 된다. 맛도 상품에 따라 대체적으로 균일한 맛을 내게 된다. 이 시점부터 고객에게 상품을 고를 수 있는 선택권이 생긴다. 여러 막걸리 중 내가 가장 좋아하는 맛의 막걸리를 선택할 수 있다.

1980년 즈음 화장품 시장의 예를 더 들면, 비슷한 제품을 가진 A, B, C 화장품 회사는 서로 경쟁 구도에 놓인다. 각 회사는 고객 유치를 위해 제품을 구입하면 제품보다 더 많은 샘플을 제공하는 과도한 사은품 행사를 진행한다. 그즈음 어머니가 사은품을 한가득 받아 왔던 기억이 있다.

02
고객의 힘을 키운 CRM

이제 고객 유치를 위한 '서비스_Service'의 개념이 등장한다. 기업은 구전을 통한 상품홍보에 의존했고 이에 고객의 힘_Power이 생기기 시작한다. 구전을 통한 상품홍보를 위해 고객불만은 최소화되어야 했다. 고객과 양호한 관계를 유지해 기업의 이윤추구로 이어지려는 경영전략이 발전하고, 이것이 바로 2000년대까지 경영학에서 활발하게 연구된 고객관계관리_CRM이다.

> 01 ┃ 고객관계관리_CRM

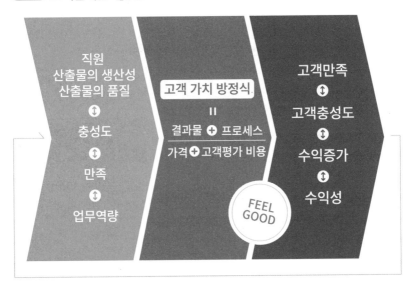

CRM_Customer Relationship Management은 1990년대 이후부터 알려진 개념으로 기존 고객과의 관계를 강화하기 위한 목적을 가진 일종의 경영전략이다. 기업은 CRM_고객관계관리을 통해 고객과의 관계를 향상시켜 장기간 기업의 수익증대에 영향을 미칠 수 있도록 고객을 세분화하고 개발한다. 고객충성도에 따라 '장기 고객', '평생 고객'으로 구분하며, 수익증대에 큰 영향을 미친 고객을 'VIP 고객', '최우수 고객' 등으로 분류해 관리한다. 또한, 신규 고객 유치를 위한 마케팅에도 고객관계관리 이론이 활용된다.

01 을 보면, 기업에서 산출물_제품을 생산해 제공한다. 고객은 결과물인 제품을 사용하며 해당 기업의 프로세스, 즉 서비스도 함께 경험할 수 있다. 결과물과 프로세스에 대한 경험의 만족도를 고객 나름의 가치 방정식에 따라 평가한다. 'Feel Good을 느꼈느냐', '그렇지 않으냐'에 따라 고객만족의 결과가 나온다. 고객만족은 재구입을 통해 보여주는 고객충성도에 영향을 미치고, 이것이 바로 기업의 수익성과 연결되는 구조다. CRM은 기업으로 하여금 '고객만족=기업의 수익성'이라는 공식을 제공한다.

이번에는 고객관계관리_CRM에 관한 학자들의 정의를 살펴보겠다. 학자 Berry_1995는 CRM의 마케팅 활동을 3단계로 설명한다.

● 첫째, 고객에게 금전적인 보상을 통해 관계를 형성하는 단계이다.

1990년대 화장품 회사의 과도한 샘플 제공이 그 예다. Berry는 상품제공뿐 아니라 가격할인도 금전적인 보상에 포함된다고 정의했다.

● 둘째, 고객과 사회적인 측면을 강조해 친밀감을 형성시키는 단계이다.

화장품 샘플 제공은 단순한 금전 보상이지만, 마사지 제공은 마사지를 받는 시간 동안 고객과의 스킨십과 대화를 통해 친밀감을 형성할 수 있다.

● 셋째, 기술보다 진심으로 고객을 도와주며 문제해결하는 단계이다.

Berry의 마케팅 활동에서 '친밀감 형성'과 '진심으로 도와주며'를 고객에게 표현하기 위해 기업은 직원들에게 '친절'과 '웃음'을 표현하는 CS 교육을 시작한다. 현시점에서 우리가 이야기하고 있는 '감정노동'의 시작이 1990년대부터라고 보면 될 것이다.

CRM에 관한 연구는 1990년대 후반부터 2000년대까지 활발히 진행되었다. 국내 연구에서 CRM_고객관계관리의 활동 유형을 연구자에 따라 요약하면 02 와 같다.

2000년 Swift, R. S.의 연구에서는 CRM은 고객 획득, 고객 유지, 고객 수익성, 고객 로열티를 향상하고자 의미 있는 커뮤니케이션을 통한 고객 행동을 이해하는 전사적인 접근방법이라고 정의한다. 2006년도에 발표된 고은주의 연구에서는 CRM의 활동 유형을 지속적인 고객관계관리, 고객 세분화에 따른 우수고객 대우, 효율적인 고객관리, 개별화 서비스로 정의한다. 2007년에 발표된 양흥모의 연구에서는 CRM 활동 유형을 지속적인 접촉관리, 차별적인 고객관리, 가시적인 보상으로 제시했다. 2009년 박선희·박혜선의 연구에서 CRM 활동 유형을 할인 관련 정보 제공, 커뮤니케이션, 구매 후 관리, 만족스러운 서비스, 차별관리로 구분하고 있다.

기업은 02 와 같이 고객관리에 등급제를 도입해 차별화를 시행하고, 할인정보나 가시적인 보상을 통해 금전적인 보상을 제공했다. 1990년대부터 2000년대에 이르기까지 활발하게 CRM에 관한 연구가 계속된 것은 기업의 경영전략에 지속해서 사용했다는 의미일 것이다.

02 고객관계관리(CRM) 활동 유형

항목	내용
고은주(2006)	• 지속적인 고객관계관리 • 고객 세분화에 따른 우수고객 대우 • 효율적인 고객관리 • 개별화 서비스
양흥모(2007)	• 지속적인 접촉관리 • 차별적인 고객관리 • 가시적인 보상
박선희·박혜선(2009)	• 할인 관련 정보 제공 • 커뮤니케이션 • 구매 후 관리 • 만족스러운 서비스 • 차별관리

03
고객의 경혐이 소중한 CEM

　2000년대에 들어서면서 IT 기술과 해외 배송체계 발달로 해외직구가 붐을 일으킨다. 이제 상품 시장은 국내뿐 아니라 해외로 확장되었다. 최근 날씨 뉴스에서 미세먼지 수준을 알려줄 정도로 공기 질에 대한 대중의 관심이 증가하고 과거에는 없던 공기청정기라는 제품이 등장했다. 예전에는 국내 제품만 가격과 성능을 비교하면 제품을 결정할 수 있었으나, 이제는 공기청정기 하나를 사려고 해도 국내 상품뿐 아니라 해외 상품까지 몇 종류의 공기청정기가 있는지 다 헤아릴 수 없을 정도로 선택권은 무한대로 확장되었다.

　또한, 2009년 스마트폰이 도입되면서 과거 PC를 이용한 인터넷 쇼핑을 장소, 시간, 장비에 구애받지 않고 언제 어디서나 편리하게 이용할 수 있는 유비쿼터스_Ubiquitous 시대가 등장한다. 인터넷 홍수 시대가 열리면서 상품에 대한 정보는 넘쳐나고 고객의 선택 폭은 무한대로 확장되었다.

　이처럼 수백 개의 제품을 앞에 두고 고객이 동일한 회사 제품을 재구매하게 될 확률은 얼마나 될까? 시대가 변하면서 평생 고객은 용어의 의미를 잃게 되고, 고객관계관리_CRM는 기업의 경영전략의 선두에서 차츰 힘을 잃기 시작한다. 2000년대 이후 연구에서 고객관계관리_CRM에 대한 부정적인 의견이 도출되기 시작한다. 2009년 서창석의 연구에서 CRM은 고객의 거래 관계에만 중점을 두고 소비패턴을 기계적으로만 분석해 고객의 경험에 대한 관리는 소홀하고 총체적으로 고객을 이해하지 못한다는 소비자 불만이 발생했다고 언급했다.

고객관계관리 경영전략은 다수의 고객에 대한 정량적 분석은 가능하나 1:1 소수의 주관적인 판단이나 생각을 적용하기에는 어려움이 있다. 2002년 미국 NCDM_National Center for Database Marketing의 자료에는 CRM을 채택한 기업 중 62% 이상이 경영전략에 만족하지 못한다고 답했다.

이러한 CRM의 단점을 보완하기 위해 도입한 것이 바로 고객경험관리 CEM_Customer Experience Management이다. 고객경험관리_CEM는 제품과 서비스를 소비하는 모든 접점에서 고객의 경험을 체계적으로 파악하고 분석하여 나온 결과를 제품과 서비스 개발에 접목하는 것을 의미한다. CEM은 고객의 충성도를 높이는 데 지대한 영향을 미치며 단순하게 경험을 판매하는 차원을 넘어 고객의 경험을 관리해야 한다는 인식을 확장시킨다.

쉽게 말하면, 고객관계관리_CRM는 기업이 금전적으로 희생하며 고객에게 우리 기업의 고객으로 남아 있기를 암묵적으로 권했다. 그러나 상품 시장이 세계화되면서 이제는 서비스를 이용하는 과정에서 한 사람 한 사람의 목소리를 경청하고 경영에 반영함으로써 모든 대중의 만족도를 높이기 위한 것으로 기업의 경영전략이 수정되는데, 그것이 바로 고객경험관리_CEM이다.

고객경험관리_CEM의 연구를 살펴보면 다음과 같다. 2010년 타나카타츠오의 연구에 의하면, CEM에서 경험 가치는 상품이나 서비스를 구입하거나 이용하는 과정에 의한 감정적 가치를 의미한다고 했다. 여기에서 경험 가치의 구성요소를 유희적 경험 가치, 경제적 경험 가치, 서비스 경험 가치로 분류한다.

● 유희적 경험 가치는 소비자는 재미있고 즐겁고 유쾌한 경험을 많이 할 수록 만족도나 로열티가 증가한다는 것을 의미한다.
● 경제적 경험 가치는 적정 가격대로 효율적으로 원하는 제품과 서비스를 획득함으로써 얻어지는 가치를 의미한다.
● 서비스 경험 가치는 서비스 효과와 이익을 얻는 데 희생되는 가치에 대한 소비자 개인의 주관적 평가를 의미한다.

고객경험관리_CEM는 기존의 고객을 데이터화해 기계적으로 분석하던 고객관계관리_CRM 방식에서 벗어나 있다. 고객경험관리는 제품을 고객에게 매력적으로 보일 수 있도록 타깃 고객층을 대상으로 스토리텔링을 통해 유쾌하고 재미있으면서 합리적으로 다가서려는 새로운 경영전략으로 기업에 도입되기 시작한다.

04
CEM 경영전략 사례

그렇다면 CEM 경영전략을 기업은 어떻게 활용했을까? 구체적인 사례를 살펴보자.

내셔널 지오그래픽은 기존의 광고 상식을 깼다. 고객이 재미있고 유쾌하게 접근할 수 있도록 유동인구가 많은 건물 내에 그래픽 시설을 설치한다. 고객은 지나가다가 그래픽 영역 안에 들어오면 자연스럽게 노출되는 다양한 동물을 접하며 동물과 실제로 함께 있는 느낌을 받는다. 다양한 동물 외에 공룡도 포함시켜 흥미로운 새로운 경험을 할 수 있다. 그래픽 동물과 다른 사람이 어울리는 장면을 구경하는 것만으로도 경험하지 않는 행인에게도 광고 효과를 낼 수 있다. 광고를 봐달라고 강조하기 위해 소리를 높이거나 자극적인 색채를 사용하지 않고도 유쾌하게 이목을 집중시킨다_QR 코드 참조.

흥미와 재미를 겸한 광고전략은 최근 자영업에서도 다양하게 활용되고 있다. 강남역의 한 핫도그 전문점의 벽면에는 '팔백 원에 팔아봤자 팔만 아프지!'라는 문구가 크게 적혀 있다. 가격이 저렴하다는 의미를 군이 '저렴한 핫도그'라고 표현하지 않는다. 위트 있는 문구는 '한번 먹어볼까?'라는 생각이 들게 하고 가게의 옆면에는 항상 고객 대기줄이 늘어서 있다.

이와 같은 마케팅 전략은 다양한 창의성과 더해져 성장하고 있다. 자영업을 하려면 동영상을 잘 찍고 글을 잘 써야 한다는 말이 나올 정도로 유튜브나 블로그를 통한 광고는 일상화되었다. IT 기술의 발달과 함께 점점 더 다양해질 것이다.

이번에는 대기업의 CEM 사례를 살펴보겠다. 세계적인 기업들은 어떻게 CEM을 경영전략에 녹였는지 알아보자.

세계 어디에서도 볼 수 있는 힐튼 호텔의 사례이다. 해마다 10월이 되면 콘퍼런스 참석을 위해 힐튼 호텔에 투숙하는 고객이 있었다. 작년과 재작년에도 고객은 10월에 힐튼 호텔에 방문했다. 올해도 투숙한 고객은 일정을 마치고 돌아오는 비행기 안에서 아끼던 만년필을 호텔에 두고 온 것을 알게 된다. 다른 만년필에 비해 글씨체가 부드럽게 써져 평소 애장하던 제품이었지만 저렴한 제품이라 힐튼 호텔에 전화해서 택배로 보내달라기에는 배송비가 더 나올 것 같았다. 고객은 만년필을 포기한다. 이듬해 10월, 다시 힐튼 호텔을 찾은 고객은 깜짝 놀랐다. 호텔 방 책상 위에 1년 전에 놓고 간 만년필이 있었기 때문이다.

힐튼 호텔은 고객이 놓고 간 만년필을 보관했다. 일정 기간이 지나도 고객에게 연락이 없자 고객의 투숙 이력을 확인한다. 해마다 10월에 투숙한 고객 이력을 확인하고 '아! 내년 10월에 다시 오시겠구나!' 판단한다. 1년 후에 방문할 고객을 위해 만년필을 보관하고, 몇 개월 뒤 고객이 힐튼 호텔의 예약 명단에 오르자 만년필을 예약 날짜에 맞춰 꺼낸다.

고객이 다른 지역에서 힐튼 호텔을 선택할 확률은 어떻게 될까? 힐튼 호텔이 고객에게 찾아준 것은 만년필이 아닌 감동이다. 이것이 바로 고객경험관리_CEM이다. 03 에서와 같이 고객관계관리에서의 커뮤니케이션은 일반적인 대화인 쌍방향 커뮤니케이션이었다. 고객경험관리는 고객의 생각과 느낌을 파악하는 데 중점을 두고 단계별로 고객 DB_Database를 구축한다. 구축된 DB는 CRM에서의 단순한 숫자의 의미를 지니는 것이 아닌 기업의 경영전략과 함께 스토리텔링하게 된다. 힐튼 호텔을 방문한 매해 10월의 고객 DB가 '고객은 내년에도 방문하니 만년필을 그때까지 보관하자'는 것으로 스토리텔링된 것처럼 말이다.

세계 일류의 음악회장이자 음향기술의 결정체로 불리는 카네기 홀_Carnegie Hall의 사례이다. 카네기 홀도 지금과 같은 명성이 처음부터 있었던 것은 아니다. 처음에는 1년에 고작 80회의 연주회를 했다.

03 고객경험관리_CEM

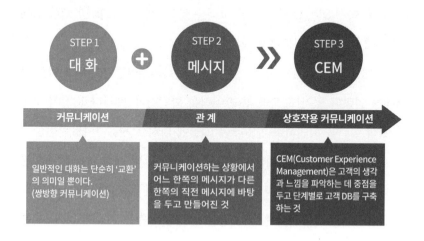

카네기 홀 경영진은 계속해서 고객경험관리_CEM에 집중한다. '콘서트에서 얻는 경험은 무엇일까?' '콘서트홀에 들어갈 때와 나갈 때 고객은 무엇을 느끼는가?' '연주회 막간에 고객은 무엇을 하는가?' 이러한 고민에 대해 고객 의견을 조사하고, 그 결과 다음과 같이 개선한다. 연주회 막간에 고객이 자주 이용하는 칵테일바에 좌석을 더 많이 배치해 쉬는 시간에 고객이 칵테일바를 효율적으로 사용할 수 있게 한다. 또한, 콘서트 막간에 주차장에 다녀오는 고객을 위해 엘리베이터 속도를 더 빠르게 변경하고, 쉬는 시간에 음악회 프로그램을 읽을 수 있게 조명을 더 밝게 그리고 안내 책자의 글씨는 더 크고 가독성이 높도록 문구는 화려하지 않게 조정한다. 그 결과, 연간 80회였던 연주 횟수는 500회로 늘어났고, 현재의 명성을 얻을 수 있었다.

고객경험관리의 경영전략은 어느 한 부분에 속하거나 수치로 계산되는 것이 아닌 고객의 불편함을 개조할 뿐 아니라 고객이 능동적으로 기업 이윤에 동참할 수 있도록 독려하는 차원에 이르게 된다. CEM에서는 마케팅 커뮤니케이션의 90%가 고객이 브랜드와 만나고 브랜드와 접촉하는 접촉점에서 일어난다고 보았다. 이때의 접촉점인 'touch point'에서 발생하는 고객의 목소리를 모아 경영전략에 스토리텔링하는 것이다. 즉, 고객이 브랜드를 만지는 접촉점인 터치 포인트_touch point의 커뮤니케이션조차 체감적인 고객 관점의 표현으로 바라본 것이다_Schultz, Bill & Scott 2004.

04 는 2014년도 양일선 연구자에 의해 커피전문점의 터치 포인트를 도출한 '고객기대가치_CEI 청사진'의 예이다. 이 청사진에서 고객경험관리

를 위해 얼마나 세부적인 서비스까지 점검해야 하는지 알 수 있다. 주문과 동시에 고객의 행동, 종업원의 행동 그리고 상품인 커피를 받기까지 걸리는 시간과 대기시간에 대한 안내는 있었는지, 상품을 매장에서 마시고 갔는지 아니면 테이크 아웃을 했는지 등 모든 순간은 관리대상이다. 주목할 만한 것은 고객이 떠난 후의 테이블 및 매장 정리, 보이지 않는 상품 원재료에 대한 준비, 카드 시스템, 실내 음악, 조명, 냄새까지 점검하는 것이다.

서비스를 품격으로 승화시킴을 보여주는 예이다. 앞서 설명한 카네기 홀에서 경영진들이 어떻게 개선방안을 도출했는지에 대해 '커피전문점의 서비스 청사진'과 함께 구체화할 수 있을 것이다. 이렇듯 CEM_고객경험관리 시대로 접어들면서 기업은 고객이 불만을 말하기 전의 단순한 고객 의견도 경영에 수용하고 개선하게 된다.

출처_고객경험 분석을 통한 커피전문점 서비스 중점관리요인 도출, 양일선 외, 2014.

고객불만은
어떻게 진화했는가?

[블랙컨슈머의 등장]

2000년도 초반의 한 통신사에서 일어난 사건을 각색한 것이다.

상담사   안녕하세요~ 홍길동 고객님~

　　　　잠시 통화 가능하신가요?

고 객   (잠시 침묵하더니)

　　　　내 전화번호 어떻게 알았어요?

상담사   (당황하며)

　　　　고객님, ABC 텔레콤 이용하지 않으십니까?

고 객   그런데요.

상담사   여기는 ABC 텔레콤의 부가서비스 유치 센터입니다.

　　　　ABC 텔레콤을 이용하시는 고객님들께 편리한 부가서비스를 안

　　　　내하려고 연락드리고 있습니다.

고 객   아~ 이 아가씨! 말귀 못 알아듣네!

　　　　그러니까, 내 전화번호 어떻게 알았냐고 물었잖아!

상담사   …. (무슨 의미인지 몰라 당황해 침묵한다)

고 객   나한테 전화해도 된다고 ABC 텔레콤에 언제 동의했습니까?

상담사   네? ….

　　　　(고객 동의가 있어야 ABC 텔레콤에서 전화를 걸 수 있는 것인지 잠시 생각한다)

고 객   왜 대답이 없어요? 난 동의한 적이 없다고!

상담사   고객님, 불편하셨다면 죄송합니다.

고 객   더 말할 것 없고, 윗사람 바꿔요!

이후 고객은 윤 지점장과 통화해 불만을 제기했고, 윤 지점장과 만나 앞으로 자신에게 전화를 걸지 않겠다는 약속을 서면으로 받아낸다.

한 달 후….

상담사   안녕하세요~ 홍길동 고객님!

         고객님께 더 나은 부가서비스를 안내하려고 연락드렸습니다.

고 객   아가씨! 지금 전화 건 곳이 어디 있는 거야?

상담사   고객님께 센터 위치를 알려드리기는 어렵습니다.

고 객   뭔 헛소리야? 지난번에 윤 지점장이 이런 전화 다신 걸지 않겠다고 약속했는데…. 윤 지점장 있는 센터 맞아?

상담사   네? 윤 지점장님요?

고 객   지난번 지점장도 만났고, 분명히 전화 안 한다고 약속했는데…. 아니, 됐어! 나 지금 그리로 갈라니까 기다려요!

   고객은 윤 지점장의 직인이 찍힌 사과문을 들고 와 항의한다. 지점장이 약속하고 지키지 않았으니 ABC 텔레콤을 떠나서 지점장이 책임지라고 했다. 결국 윤 지점장은 무릎 꿇고 사과한 뒤, 변상금으로 200만 원을 고객 통장에 입금하고 나서야 사건이 마무리되었다.

이 내용은 2000년도 초반에 실제로 일어난 사건을 각색한 것이다. 이런 유형의 사건이 일어나기 전에는 '개인정보'라는 단어는 거의 사용되지 않았다. 이후 반복적인 고객의 보상요구가 생기면서 기업은 보호 차원에서 '개인정보 동의서'라는 서류를 만들어 사용한다. 2000년대 들어서면서 보상을 요구하며 불만을 제기하는 악성 고객을 칭하는 '블랙컨슈머'라는 용어가 생길 정도로 불만고객의 문제행동은 심각해졌다. Case 2에서는 사회적 심각성을 바탕으로 감정노동자 보호법이 만들어지기까지 고객은 어떻게 변화했는지 살펴보겠다.

01
고객의 힘(POWER)은 어떻게 변화했나?

　서비스 시장이 변화하면서 고객의 힘_Power도 변화된다. case 1에서 살펴보았듯이 가내수공업 시절에는 소비자가 아닌 생산자의 힘이 더 컸다. 소비자는 생산자의 마음에 들어야 제품을 더 빨리 그리고 더 좋은 제품을 더 많이 제공받을 수 있었다. 이 시기의 소비자는 힘이 거의 없었다. 산업혁명 이후, 대량생산과 대량유통 체제가 되며 고객에게 제품의 선택권이 생긴다. 더 좋은 제품을 제공받을 권리에 따른 소비자보호제도의 강화와 기업의 고객만족경영 등 외부 시장 상황과 맞물려 소비자의 지위는 향상되었다.

　이 시기의 기업과 고객과의 관계를 학습심리학적 관점에서 보면 불만고객은 기업의 경영전략인 고객관계관리_CRM의 고객 세분화와 금전적인 보상에 의해 학습되며 성장한다. 학습심리학이란, 훈련이나 경험의 결과로 일어나는 지속적인 행동 변화에 초점을 맞추는 심리학의 한 분야이다. 이반 파블로프_Ivan Pavlov의 개 실험은 학습심리학의 토대가 된 이야기로 유명하다. 개에게 음식을 제공할 때마다 먼저 종소리를 울리고 음식을 제공했더니, 나중에는 종소리만 울려도 음식이 나오는 줄 알고 개가 침을 흘리도록 학습되었다는 내용이다. 여기에서 개의 침은 '강화'이다. '강화'란 어떤 행동에 따른 결과를 제공하는 절차로 긍정적이거나 부정적인 것과

관계없이 행동의 반응이나 빈도, 강도를 유발하고 증가시키는 자극을 의미한다. 쉽게 말해, 긍정적이든 부정적이든 자주 노출되면 그것이 학습되면서 그에 따른 행동이 증가한다는 것이다. 여기에서 제시되는 자극은 강화물_reinforcer이며 일반적으로 강화물은 보상적인 자극을 의미한다.

학습심리학을 불만고객에 적용해 설명하면 다음과 같다. 1990년대 이후 기업의 경영전략인 CRM의 핵심은 고객만족이다. 이에 '고객불만=기업 이미지 훼손'이라는 공식이 나오고 기업은 고객불만을 잠식시키고자 CRM 경영전략의 한 가지인 '금전적인 보상'을 제공한다. 다시 말해, 기업은 불만고객에게 강화물로 '금전적인 보상'을 주며 학습시킨 것이다. '강화'란 긍정적이든 부정적이든 관계없이 노출 횟수에 따라 학습된다. 불만고객은 자신들의 행동이 긍정적이냐 부정적이냐를 판단하지 않고 기업의 '금전적인 보상'에 학습된다. 학습된 고객들은 불만 사항이 발생하면 '이건 내가 불편했으니까 당연히 보상해주어야지!'라며 '금전적인 보상'을 기대하게 되었다.

불만고객을 학습시킨 또 다른 하나는 모든 고객에게 동일한 '금전적인 보상'을 제공하지 않았다는 것이다. 불만을 제기하는 고객에게 매뉴얼에 따라 보상 등급이 있어 그 안의 범위에서 제공한 것이 아니라 더 화를 내고, 더 심하게 욕설을 하거나, 더 강력한 폭력을 사용하는 등 부적절한 불만 행동이 심한 고객에게 더 많은 '금전적인 보상'을 제공하는 경향이 있었다. 이것이 물론 기업의 비공식적인 활동이었다 할지라도 상습적인 블랙컨슈머를 학습시키기에 충분했다.

불만고객이 처음에 '금전적인 보상'을 받았을 때는 '이걸 왜 주는 거지?'라고 생각했을 것이다. 앞서 언급한 ABC 텔레콤 에피소드의 불만고객은 이전에 유사한 사례를 경험하지 않았기 때문에 보상받을 수 있다고 생각하지 못했을 수 있다. 그러다 보상을 받게 되자, '아~ 이런 것으로도 돈이 되는구나!'로 사고가 전환된다. 이 고객은 이후 다른 회사에서 마케팅 전화가 오면 어떻게 행동했을까? 더 심하게, 더 지능적으로, 더 집요하게 그리고 더 큰 금액을 요구했을 것이다. 이것이 바로 강화의 효과다.

휴대폰 시장을 예로 들겠다. 고객이 A 기업의 휴대폰을 구입해서 사용하다가 다시 구매기회가 왔을 때 B 기업의 휴대폰을 선택한다. A 기업 입장에서는 고객 한 명이 이탈한 것이다. 하지만 B 기업으로 이동하기 전 고객에게 일정의 사은품을 제공하고 A 기업을 계속 사용하도록 권한다고 가정하자. 사은품 비용이 B 기업에서 고객을 다시 데려오는 비용보다 훨씬 저렴하다는 것이다. 이처럼 한동안 해지방어 전략에 많은 사은품이 제공되었던 시절이 있었다. 과열경쟁이 되며 배보다 배꼽이 커지는 상황이 오자 공정거래위원회의 제지가 있기도 했다.

CRM의 또 다른 경영전략인 '고객 세분화'도 마찬가지이다. 기업 간 경쟁이 과열되면서 많은 기업이 경쟁에서 이기기 위해 장기적인 고객관계를 구축하는 것을 택한다_McKenna, 1991. 장기고객으로 관계를 구축한다는 것은 기업의 제품을 지속적으로 구입하도록 고객을 가둬두는 것과 같은 의미이다. 이와 같이 고객관계를 유지하는 것에 기업은 왜 비용을 사용했을까? 반대로 생각하면 쉽다. 다양한 연구에서 '신규 고객'을 유치하는 데

드는 비용은 기존 고객을 유지하는 비용보다 3배가 많다고 한다.

기업은 실제로 고객이 가져다주는 이윤보다 더 높은 등급을 책정한다. 예를 들어, 한 기업의 실제 VIP 고객을 매출 상위 5%로 정했다고 가정하자. 하지만 기업은 고객충성도를 고려해 매출 상위 10%까지 VIP 고객으로 명명한다. 실제로는 VIP 고객은 아니지만 고객을 기업에 붙잡아 두기 위해 VIP 고객의 명패를 달아주는 것이다. 이 시기에 국내 기업은 기존 고객의 이탈을 방지하는 목적으로 'VIP'의 명패를 사용하기도 했다. 'VIP'의 의미는 'Very Important Person'으로 '당신은 우리 기업의 매우 소중한 고객입니다'라는 의미이다. 이것도 평생 고객과 마찬가지로 VIP 고객을 확장함으로써 드는 추가적인 비용보다 신규 고객을 유치하는 데 드는 비용이 더 많으므로 선택한 방법이다. Zeithaml and Bitner 1998는 기업과 고객의 장기적인 관계 형성을 통해 기존 고객의 구매가 증가하며, 기존 고객을 유지하기 위한 기업의 비용이 감소하고, 단골의 긍정적인 구전 효과가 발생하며, 마지막으로 고객 생애 가치의 증대 등 다양한 긍정적인 효과를 얻을 수 있다고 주장했다.

실제로 모 기업에서는 'VIP 고객'으로 명명한 고객을 내부적으로는 'VVIP 고객', 'VIP 고객'으로 나누어 이탈 의사를 밝힐 경우 제공하는 사은품을 다르게 제공하기도 했다. 'VVIP 고객'이 이탈 의사를 밝힌 경우 5만 원 상당의 사은품이 나가지만, 'VIP 고객'이 이탈 의사를 밝힌 경우는 1~2만 원 정도의 사은품이 제공된다. 'VIP 고객'의 사은품은 이탈 의사를 밝힌 고객에게 큰 의미가 있는 선물은 아니었을 것이다. 하지만 '내가 너희 회사의 VIP 고객이니까 그럼 계속 사용해볼게.'라고 답하는 고객 비율은 의외로 높았다. 이렇게 기업은 'VIP' 명칭을 사용해 고객충성도를 높였다.

　이런 기업의 경영방식은 고객의 충성도를 어느 정도 높였는지는 모르겠지만 더 많은 고객에게 VIP 고객의 특권을 쥐여준 결과를 낳았다. 결과적으로는 고객이 '내가 기업에 이 정도의 이윤을 제공했구나!'라고 인지하는 수준을 한 단계 더 높인 것이다. VIP 고객의 가장 흔한 불만표현은 '내가 기업에 얼마를 썼는데….'이다. 실제로는 'VVIP 고객' 등급 고객에게 해당되는 내용이지만 'VIP 고객'도 기업에 그 정도의 이윤을 제공했다고 생각하게 만들었다. VIP 고객의 불만은 일반적인 불만 유형과 다른 양상을 띤다. '나는 특별한 고객이니 특별히 처리해달라.'라는 요청이 보통이다.

　결국 CRM _고객관계관리의 기업전략인 반복적인 '금전적인 보상'과 '고객세분화'로 고객을 학습시키고 신분을 상승시킴으로써 고객불만의 목소리가 커지게 된다. 이즈음 반복적인 금전적인 보상으로 '블랙컨슈머'의 성장이 시작된다.

02
고객불만행동이란?

　고객이 불만을 표출하는 행동에 대한 전문용어는 아직 통합되진 못했다. 소비자불량행동, 소비자일탈행동, 소비자문제행동 등으로 표현되고 있는데, 이 책에서는 고객불만행동으로 표현하겠다.

　연구자에 따른 정의를 살펴보면 05 와 같다. 이처럼 고객불만행동은 과도한 소비자의 권리행사부터 불법과 합법의 경계 선상에서 자신의 요구를 관철하는 행동까지 모두 포괄하는 개념으로 정리할 수 있다.

　불법과 합법의 경계 선상에서 자신의 요구를 관철하려고 행동하는 고객불만행동을 이 책에서는 두 가지로 분류하고자 한다. 합법적인 경계 선상에서 행동을 하는 소비자를 일반적인 '불만고객'으로 호칭하고, 불법적인 행동을 하는 소비자를 '블랙컨슈머'라 호칭해 구분한다. 블랙컨슈머는 기본적으로 목적이 금전적인 보상에 있다. 하지만 일반적인 '불만고객'의 경우는 서비스나 제품에 대한 불만사항을 제기하며 고객의 권리 중 일부를 행사하는 합당한 행동이라고 보기 때문이다. 이 두 고객은 목적부터 전혀 다르기 때문에 구분해 사용하겠다.

연구자(연도)	정의
Mills and Bonoma (1979)	사회적으로 부적절하거나 사회적 규범과 갈등을 일으키는 행위를 하는 소비자들의 일탈행동
K. Huh(1997)	소비자가 권리를 남용하는 한편 책임을 다하지 못하는 행동을 포괄하는 개념
Fullerton and Punj (2004)	소비상황에서 일반적으로 받아들여지는 행동의 규정을 위반하여 소비질서를 파괴하는 행위
H. Yang(2005)	불만표출 과정에서 소비자가 권리주장에 집착하여 자신들의 주장을 지나치게 과격한 방법으로 주장하거나, 또는 과도한 요구를 하는 등의 비이성적이며 소비자로서의 책임을 다하지 못해 나타나는 행동
서주희(2006)	소비자 비양심성, 불법성, 기만과 같이 비윤리적인 상거래 행동과 억지, 공격성, 무례함 등과 같이 지나치게 감정을 표출하는 행동 모두를 포함하여 거래상 권리를 남용하는 것
이승훈(2011)	계획된 불법성은 없더라도 불법과 합법의 경계 선상에서 이루어지는 행동이거나 기업의 정상적인 업무에 방해를 초래할 정도의 과도한 권리행사를 하는 까다로운 소비자부터 블랙컨슈머와 같이 악의적인 민원을 제기하는 소비자까지를 포괄하는 다소 유동적인 개념
이영애(2013)	과도한 소비자의 권리행사부터 불법과 합법의 경계 선상에서 자신의 요구를 관철시키려고 하는 행동까지를 모두 포괄하는 개념

03
불만고객의 문제행동 유형과 특성

이러한 불만고객의 문제행동 유형 네 가지를 살펴보겠다.

● 첫째, 억지 주장 유형이다.

상담업무 이외의 사항을 요구하거나 고객의 잘못된 지식을 주장하거나 우기는 유형으로 무지한 고객의 사례를 의미한다.

● 둘째, 무례한 언행 유형이다.

폭언, 폭행 등 욕설, 반말이나 훈계조의 말투, 제품파손, 상담업무 방해 등 심각한 경우 담당자를 폭행하기도 한다. 폭언이나 폭행이 오가기 때문에 무례한 언행 유형의 고객과 대면할 때는 경찰을 대동하기도 한다. 고객이 먼저 욕설하고 담당자가 먼저 했다고 주장하는 사례도 많기 때문이다.

● 셋째, 거짓말 유형이다.

자신에게 불리한 말을 숨기거나 사용한 제품을 사용한 적이 없다며 환급 요청하는 등 거짓말하는 것이다.

통신사의 통화품질 부서에서 근무할 당시 에피소드를 하나 소개하겠다. 통화품질 부서는 고객의 기지국 점검을 위한 위치조회가 가능했는데, 남

편이 위험한 상황이라며 위치조회를 요청한 고객은 나중에 남편의 외도를 확인하기 위해 거짓말을 했다며 사과했다. 어떤 이유에서든 자신의 목적을 위해 거짓말하는 유형이다.

● 넷째, 부당한 금전적 보상 요구 유형이다.

언론에 고소·고발하겠다며 협박하는 유형으로 부당한 금전적 보상을 요구하는 동시에 사업자와 뒷거래를 유도하는 유형이다. 이것이 성립되지 않으면 정신적 피해보상을 요구하기도 한다.

지금까지 불만고객의 문제행동 유형을 억지 주장 유형, 무례한 언행 유형, 거짓말 유형, 부당한 금전적 보상 요구 유형 네 가지로 살펴보았다. 이 중 무례한 언행의 정도가 심각하거나 부당한 금전적 보상을 요구하는 경우 블랙컨슈머라고 볼 수 있다.

불만고객의 문제행동의 특성을 네 가지로 함축하면 다음과 같다.

● 첫째, 고객의 높은 기대수준이 반영된다.

고객불만은 서비스나 제품에 대한 기대치가 충족되지 못하면 발생한다. 제품을 구입하거나 서비스를 제공받기 전 어떤 수준의 서비스를 받을 것이라는 기대치가 있다. 이런 기대치에 미치지 못하면 제공받은 서비스나 제품의 실제 수준과 기대치의 공백만큼 불만이 발생한다. 호텔 서비스 중레스토랑에 관한 연구에서 가장 많은 불만사항은 가격인 것으로 나타났다. 우리는 돈을 지불하면서 가격에 합당한 제품이나 서비스를 제공받기를 기대한다. 호텔 음식은 고급스럽고 맛있지만 비싸고 양이 적다.

● 둘째, 돌발적으로 발생하기 때문에 단시간에 파악하기 어렵다.

인간의 기본 감정인 슬픔, 기쁨, 분노, 경멸, 놀람 다섯 가지 감정 중 불만고객의 감정에 가장 가까운 것은 분노다. 분노는 일시적이고 파괴적인 감정이기 때문에 순간 폭발한다. 참다가 갑자기 폭발하는 순간, '불만고객'으로 인지되기 때문에 고객이 왜 이렇게 화가 났는지에 대한 빠른 파악은 어렵다. 이러한 불만고객의 돌발행동 때문에 매뉴얼이 필요하며 서비스나 제품의 개선을 위해서 VOC를 관리해야 한다.

● 셋째, 사회적으로 공개하기 어렵다.

강원도 산골이 주소지인 고객의 불만 건이 접수되었다. 고객은 휴대폰으로 동영상을 아주 잠깐 봤는데 금액이 5만 원이 넘게 나왔다며 감액을 요구했다. 통화내역을 확인해보니, 성인 동영상을 본 것으로 확인되었다. 사용한 것이니 납부를 안내했으나 수긍하지 않았다. 고객과 한 시간 정도 통화한 뒤 갑자기 담당자에게 하소연하기 시작했다.

'주소지를 봐라. 강원도 산골에서 막노동하며 하루 벌어 하루 먹고산다. 집도 없이 숙소에서 생활하는데 하루 일당이 5만 원인데 당신 같으면 알고 봤겠냐?'

이런 내용이었다. 내역을 살펴보니 전에는 동영상 이용내역이 없었다. 고객의 상황을 고려해 감액을 진행한다.

문제는 고객 개인사와 사용내역을 고려해 불만고객 전담팀의 권한으로 처리했으나 해당 건을 다른 고객에게 공개할 수 없다는 것이다. '똑같이 이용했는데, 내 월급은 그 고객보다 높아서 감액이 안 되냐?' 등 더 많은 불만이 발생할 수 있기 때문이다. Case 2의 프롤로그에서 소개한 개인정보 유출을 주장해 보상받은 고객 건이 공개되면 어떻게 될까? 이러한 이유로 기업은 처리된 불만고객 건을 공개하기 어렵다.

● 넷째, 기업·소비자단체 등 상담 기관별로 차이가 있다.

기업과 소비자단체는 설립 목적이 다르다. 기업의 가장 큰 목적은 이윤 추구이며, 소비자단체의 목적은 소비자의 이권과 권리를 보장하는 것이다. 목적이 다르기 때문에 상담의 처리방안도 당연히 다를 수밖에 없다.

블랙컨슈머 vs
화이트컨슈머

[화이트컨슈머 캠페인]

2018년 1월 27일 홍대입구역에서 화이트컨슈머 캠페인 단체가 오프라인 행사를 진행했다. 화이트컨슈머 캠페인은 블랙컨슈머를 없애기 위해 '깨끗한 & 똑똑한 소비자 캠페인'을 만들자는 취지에서 진행되고 있다. 오프라인 행사에서는 홍대입구역의 자영업자에게 화이트컨슈머와 블랙컨슈머의 정의에 관해 설명하고 블랙컨슈머의 주의점을 인지시키고 화이트컨슈머와 블랙컨슈머에 대한 포스터와 스티커를 소비자가 볼 수 있는 위치에 부착했다.

06 화이트컨슈머 캠페인 포스터와 스티커

이처럼 블랙컨슈머의 활동이 확장되고 행동의 심각성이 사회문제로 대두되면서 이제 블랙컨슈머는 활동을 멈추라는 목소리가 높아지고 있다. 이러한 의견이 화이트컨슈머 캠페인으로 이어지고 있다. 소비자의 권리나 주장은 펼치되 판매자에게 최소한의 매너를 지키자는 화이트컨슈머 캠페인을 대중에게 알리기 위해 노력하고 있다. Case 3에서는 블랙컨슈머와 화이트컨슈머를 이해하고 블랙컨슈머의 심각한 사례를 살펴보겠다.

01
블랙컨슈머란 무엇인가?

블랙컨슈머는 '악성의'라는 의미의 블랙_Black과 소비자_Consumer의 합성어로 국내에서만 사용되는 용어이다. 미국 등 다른 국가에서 'Black Consumer'는 말 그대로 '흑인 소비자'를 지칭하는 의미로 사용되니 참고하자. 국내에서 사용되는 블랙컨슈머의 정의는 기업, 자영업자 등을 상대로 부당한 이익을 취하고자 제품을 구매한 후 고의로 악성 민원을 제기하는 자를 의미한다. 즉, 구매한 상품의 하자를 문제 삼아 기업을 상대로 과도한 피해보상금을 요구하거나 거짓으로 피해를 본 것처럼 꾸며 보상을 요구하는 사람을 블랙컨슈머라 한다.

이와 상반되는 의미로 '화이트컨슈머'가 있다. 화이트컨슈머는 '따뜻한 소비자'를 의미하며, 조직위원회를 통해 기업과 소비자의 상생, 소비자의 정직한 권리, 소비자의 발전적 제안 그리고 소비자의 사회적 책임이라는 네 가지 가치 실천으로 건강한 소비문화를 만들어가기 위한 캠페인을 시행하고 있다. 화이트컨슈머 캠페인의 목적은 기업의 약점을 악용하는 블랙컨슈머의 활동을 위축시킴으로써 건강한 소비문화를 형성하는 데 있다.

블랙컨슈머의 악의적인 행동은 사회적으로 심각한 문제가 되고 있다. 감정노동자 보호법이 시행됨으로써 감소하는 추세이나 법 규제에 의한 것보다 사회적인 의식 변화로 서로 존중하는 건강한 소비문화가 형성될 필요가 있다. 법으로 폭언·폭행에 대해 처벌이 가능해졌지만, 의식이 변화하지 않고는 악의적인 블랙컨슈머가 완전히 사라지기는 불가능하다. 그렇다면 얼마나 '악성의' 행동을 하길래 블랙컨슈머라는 이름을 얻게 되었는지 블랙컨슈머의 유형에 따라 예시를 짚어보자.

블랙컨슈머의 유형은 **08** 과 같다.

08 블랙컨슈머의 유형

유형	특징
업무 방해형	영업장에서 고성과 난동, 팩스와 전화 등으로 끊임없이 불만 제기, 매일 같은 시간에 지속적으로 방문해 같은 민원 반복 등
담당자 괴롭히는 유형	'잘못 없어도 기분 안 좋으니 무릎 꿇고 빌어라', 반복적으로 전화해 '사과해라' 지시, '몇 시 몇 분에 전화해라'… 새벽까지 휴대폰으로 문자와 전화 계속
인격적 모독형	'능력도 없으면서 밥만 축낸다', '수준도 안 되면서', '그러니까 니가 이런 일을 하는 거다' 등
폭언 · 욕설형	'눈알을' 등 입에 담을 수 없는 폭언, 욕설과 성희롱
협박성 악담형	'집주소 아는 거 금방이다', '밤길 조심해라' 등, 때로는 '아이들을 가만두지 않겠다' 등
실제적인 신체 위협형	면담 시 폭행, 뺨과 뒤통수 등 때리기, 서류 내던지기, 사무실 난입 등

출처_블랙컨슈머의 악성적 행동에 관한 사례분석, 곽성희, 2014

● 첫째 '업무 방해형'은 담당자에게 보상을 요구하고 이를 들어주지 않으면 자신의 의사가 수용될 때까지 매일 수차례 전화나 방문을 계속해 업무를 방해하는 유형을 말한다.

현재는 감정노동자 보호법이 시행되어 고객에게 법적 조치를 할 수 있다. 심한 경우 내용증명을 발송하거나 고객센터는 고객 휴대폰 번호를 차단하기도 하고, 업장에서는 입장을 허가하지 않는 경우도 있다.

● 둘째 '담당자를 괴롭히는 유형'은 필요 이상의 것을 담당자에게 요구하는 유형이다.

직접 방문해서 사과하라고 요구하고 담당자가 도착하면 급한 약속이 생겼다면서 피한다. 담당자가 사과하면 요구사항을 이행하게 되므로 이행하지 못하도록 고의적으로 피하는 것이다. 담당자가 돌아가면 다시 사과할 것을 요구하는 방식으로 괴롭힌다. 이런 고객은 암묵적으로 금전적인 보상을 요구한다. 담당자가 보상이라는 단어를 말할 때까지 괴롭힌다. 블랙컨슈머의 여러 유형이 있지만, '담당자를 괴롭히는 유형'은 그중에서도 악의적인 유형이다. 요구하지 않고 보상해줄 때까지 괴롭히는 과정에서 발생하는 담당자의 정신적인 스트레스는 상상하기 힘들 정도다.

● 셋째 '인격적 모독형'은 서비스 제공자의 자존감을 낮추는 유형이다.

'네가 그것밖에 안 되니까 이런 일이나 하는 거야!'와 같은 직업에 대한 차별적 발언, 능력 비하 발언을 한다. 법의 보호를 받을 수 있는 유형이다.

● 넷째 '폭언·욕설형'은 입에 담을 수 없는 폭언과 욕설을 하는 유형이다.

욕설형 고객은 주로 첫마디부터 욕으로 시작해 욕으로 끝난다. 고객센터 업무에서 폭언·욕설형 고객의 경우 2회 이상 경고 후 멈추지 않으면 먼저 통화를 종료하기도 한다. 하지만 아직도 많은 회사에서 상담 시 먼저 끊을 수 있는 '선종료'의 권한을 사원에게 부여하지 않고 있다. 이런 경우 ARS로 돌리는데, 이렇게 하면 어떻게 될까? 화가 난 고객은 다시 상담사를 연결할 것이고 이것은 두 번째 연결된 사원의 감정노동을 더 증폭시키는 결과로 이어진다. 사원의 감정노동 보호를 위해 '선종료' 권한을 부여해야 한다고 생각한다. 폭언에는 성희롱도 포함된다.

● 다섯째 '협박성 악담형'은 다양한 방법의 모든 협박에 해당한다.

표현방법은 다양하나 '가만두지 않겠다'는 내용은 공통적이다. '쫓아가서 가만두지 않겠다', '회사 사장을 알고 있다. 사장에게 말해서 가만두지 않겠다' 등 다양한 표현을 모두 포함한다. 이런 유형은 가만두지 않을 테니 내가 원하는 것을 들어달라고 한다.

● 여섯째 '실제적인 신체 위협형'은 자신의 분노를 담당자에게 육체적으로 보여주는 사례다.

말보다 주먹이나 발길질 등 행동이 먼저 앞서는 고객이다. 이런 사례는 흔하지 않기 때문에 금전적인 보상으로 더 잘 연결된다. 불만고객 전담팀에서 근무할 당시 한 팀장이 찾아오겠다는 고객에게 그렇게 하시라 답하니 10분 만에 쫓아와 육탄전을 벌이는 것을 본 적이 있다. 이런 과잉흥분된 고객에게 회사는 정황상 금전적 보상에 대해서 더 쉽게 말한다. 현재 고용노동부에서 제시하고 있는 감정노동자 보호 매뉴얼에서는 신체적 위협을 느낄 수 있는 상황에서 고객에게 1차, 2차로 '이러시면 안 됩니다'라고 설득이 필요하도록 되어 있다. 그러나 이런 고객은 말을 해도 통하지 않는다. 행동파 고객은 바로 경찰에 신고해야 한다.

이번에는 블랙컨슈머의 대표 사례를 몇 가지 소개하겠다. 음식물에 이물질을 넣는 것이 블랙컨슈머가 가장 흔하게 사용한 방법이다. 대기업의 제품에 이물질을 넣고 언론에 노출하겠다고 협박하거나 유명 맛집 식당에서 식사하면서 이물질을 넣어 협박하는 사례가 이에 해당한다.

● 2008년 3월 24일 광주의 한 편의점에서 단팥빵을 구매한 고객이 이물질이 발견되었다며 구청에 신고했다.

　해당 구청이 이물질의 성분검사를 시행한 결과, '지렁이 사체'로 확인되어 업체는 해당 제품을 전량수거 후 제조과정에서 유입된 것인지 조사를 진행했다. 진행 과정에서 고객은 회사에 배상금을 요구했으나, 조사 결과 제조과정에서 들어간 것이 아님이 밝혀져 무마되었다.

● 같은 해 6월, 한 고객이 신라면에서 바퀴벌레가 나왔다고 신고한다.

　식약청 조사 결과, 바퀴벌레가 제조시설에서 발견되지 않았고, 제조공정에서 압연_1.5mm 두께로 면을 누르는 작업, 절단_1.5mm 절단, 유탕_146~154℃ 등 공정과정을 거치기 때문에 이물로 발견된 바퀴벌레와 같이 완전한 형태의 벌레가 혼입될 가능성이 없다고 판단한다. 신고한 소비자의 자택에서 같은 종의 바퀴벌레가 발견된 점으로 미루어 보관과정에서 혼입되었을 가능성이 높다고 발표했다.

신라면 사건은 단팥빵 사건과 같이 보상을 요구하려고 고객이 고의로 집어넣은 내용물은 아니었다. 그러나 2008년 해당 사건이 미디어에 노출되면서 해당 회사 제품의 불매운동이 일어나고 라면 시장 점유율이 급락하고 매출이 감소하는 등 큰 타격을 받게 된다. 몇 개월 후 식약청의 검사 결과가 농심의 귀책이 아닌 것으로 발표되었지만 소비자들의 반응은 싸늘했다. 단팥빵 사건은 어땠을까? 고객의 고의가 드러났지만, 이 시기에 제조된 제품을 수거 후 폐기하는 등 회사에서 입은 손해는 막대했다.

식품 기업은 이런 이유로 블랙컨슈머의 금전적 보상 요구를 수용하며 대외적으로 사건이 공개되지 않도록 쉬쉬한다. 처지를 바꿔서 생각해도 이해되는 것이 귀책사유를 떠나서 몇 억을 손해 볼 수 있는데, 몇 백만 원 주고 끝낼 수 있다면 쉬운 방법을 선택하지 않을까? 그러나, 화이트컨슈머가 어느 날 갑자기 블랙컨슈머가 될까? A 회사에서 블랙컨슈머라면 B 회사에서도 블랙컨슈머일 확률이 높다. 보상을 받아본 사람이 또다시 보상을 요구한다는 것이다. 블랙컨슈머는 이런 기업의 특성을 악용한다. 기업의 소극적인 태도는 블랙컨슈머의 불만이 더 강해지고 요구하는 금전적인 보상 금액도 커지는 결과를 초래한다.

　이것은 대기업에만 해당하는 것은 아니다. 2013년 대한상공회의소에서 중소기업 200여 개를 대상으로 블랙컨슈머 대응 실태를 조사한 결과 악성 클레임에 대한 대응방법에 대해 83.7%는 '그대로 수용한다'고 응답했다. 14.3%가 '법적 대응을 통해 적극적으로 대처한다' 그리고 2.0%는 '무시한다'고 답변했다. 대부분 중소기업에서 조용히 사건을 마무리하기 위해 블랙컨슈머의 의견에 따랐다는 것을 이 데이터를 통해서도 알 수 있다.

09 중소기업의 악성 클레임에 대한 대응방법

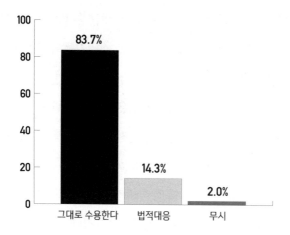

출처_대한상공회의소, 2013

02
기업의 고충인 블랙컨슈머

식품의약품안전청에서 발표한 '이물질 보고 및 신고현황'을 살펴보면 2009년에서 2010년 사이에 신고 건수가 4.6배 증가하는 추이를 볼 수 있다. 이 시기에 이물질에 대한 국민적 관심이 높아지며 블랙컨슈머의 활동이 활발해진다. 단팥빵 사건이나 신라면 사건이 미디어에 노출되며 대중에게 알려지고 제품에서 나온 이물질이 기업에 손해를 끼칠 수 있는 것을 오히려 각인시킨다. 농심 사건을 지켜보며 다른 기업에서는 어떻게 생각했을까? 사건을 덮으려는 기업의 입장을 블랙컨슈머가 파악이라도 한 것처럼 2010년에는 9882건으로 이물질 신고 건수가 5배 가까이 늘어난다.

불만고객 전담팀에는 악성 고객만 연결된다고 생각할 수 있는데 실제로는 그렇지 않다. 서비스가 사원의 처리 권한 내에서는 납득할 수 없다고 주장하는 고객이 접수된다. 기업마다 프로세스가 다르지만 사원의 업무 권한이나 프로세스는 단순하게 구성되어 있어 융통성을 원하는 고객에게는 적합하지 않다. 이 경우 사원에게 업무의 권한이 없으니 융통성을 발휘할 수 있는 불만고객 전담팀으로 이관된다. 이런 고객은 블랙컨슈머와 분명히 구분된다. 블랙컨슈머는 기업에 트집거리가 생기면 무조건 금전적인 보상을 요구하지만, 업무상 융통성을 요구하는 고객은 다른 기준을 설명하거나 서비스를 보충해주면 대부분 만족하며 상담을 종료한다. 그러나 이와는 반대로 블랙컨슈머는 감출 수 없는 그들만의 특징이 있다.

불만고객 전담팀의 필자의 경험과 같이 기업은 축적된 경험을 누적해 나름의 블랙컨슈머 구분 기준안을 만든다. 기업이 꼽은 블랙컨슈머의 전형적인 행동은 다음과 같다_조선일보, 2013. 01. 이것은 블랙컨슈머 유형보다 더 구체적으로 행동을 기재하고 있다.

10 이물질 보고 및 신고현황

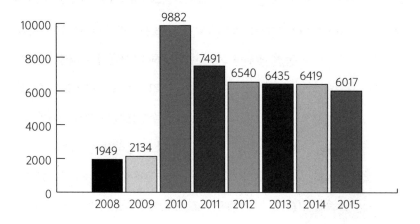

출처_식품의약품안전청, 2015

● 기업이 꼽는 블랙컨슈머의 전형적인 행동

01. 처음부터 피해 사실을 언론에 배포하겠다 협박한다.

02. 다른 업무는 뒷전이고 금전적 보상부터 요구한다.

03. 피해 정황이나 정도에 대한 말 바꿈이 계속된다.

04. 비슷한 행위의 이력을 가지고 있다.

05. 고성으로 공포 분위기를 조성한다.

06. 기업을 찾아오거나 매장에서 자해한다.

07. 무조건 임원이나 사장과 같은 높은 사람을 찾는다.

08. 담당자와의 대화를 몰래 녹음해 유포한다.

09. 업무 방해 수준으로 자주 방문한다.

10. 회사 기밀을 서면으로 제출하거나 공개 사과 등 무리한 요구를
    한다.

03
STOP! 블랙컨슈머!

울며 겨자 먹기로 블랙컨슈머의 비위를 맞추던 기업을 손들게 한 사건이 발생한다. 블랙컨슈머들의 추태가 드러나기 시작한 것이다. 공통점은 불만을 제기하고 다양한 협박과 폭언·폭행을 통해 금전적인 보상을 요구하고, 이를 받은 후 다른 기업에 가서 같은 행동을 반복함으로써 계속해서 이득을 취했다. 기업은 반복적으로 활동하는 블랙컨슈머에 대해 분석하고 조사하며 그 결과를 서로 공유하게 된다. 그 결과 블랙컨슈머 리스트를 얻을 수 있게 된다.

2012년 서울중앙지검 형사4부_부장검사 문찬석는 대기업 서비스상담센터 직원들을 협박해 상습적으로 거액을 뜯어낸 혐의로 블랙컨슈머 이 모 씨_56를 구속기소했다. 이 씨는 대기업이 이미지 훼손 때문에 불만 대응에 소극적이라는 점을 이용해 미리 만든 매뉴얼에 따라 서비스상담센터 직원들을 협박하는 수법으로 돈을 뜯어냈다.

이 씨는 가족과 지인들 명의로 A사의 스마트폰 22대를 B 통신사에서 개통한 후 정지→해지→개통을 반복하며 고장 났다고 협박했다. 또, 냉장고를 구입하고 '냉장고 안의 백두산 상황버섯이 상했다'며 언론에 알리겠다 협박해 기업의 금품을 갈취한다. LED TV의 화질 불량이나 PDA폰의 자료유실 등을 주장해서 환불금을 챙겼으며, 상담직원의 '그런데', '되었는데' 등의 표현을 트집 잡아 반말을 했다고 협박이나 사과를 강요한다. B사가 발송한 문자 메시지를 문제 삼아 본사 직원을 찾아가 얼굴에 염산을 뿌리겠다고 협박하고, B사 안양지점 직원에게 영수증을 핑계로 얼굴에 폭행을 가하기도 하는 등 죄질이 불량하고 같은 내용을 반복하는 경향을 보였다. 제품을 교환·환불받는 과정에서 '교환·환불용 구매정보 수집보관동의서'에 타인의 명의로 서명하는 등 47차례에 걸쳐 사문서를 위조하기도 했다. 이렇게 이 씨는 2009년 1월부터 2012년 9월까지 253차례에 걸쳐 모두 2억 3200여만 원을 챙긴 혐의로 구속된 것이다.

이처럼 상습적인 보상을 받은 고객이 법의 심판을 받게 된 사례가 나오며 블랙컨슈머를 법적으로 제지해야 한다는 목소리가 높아진다.

Worker_Customer Balance

Part 2

불만고객을
연구하다

CASE 4

워커밸 시대_
고객이 내게 사과했다

[감정노동자 보호법 시행 이후]

2018년 10월 18일 산업안전보건법의 감정노동자 보호법이 시행되었다. 이후에 어떤 변화가 생겼을까?

카페에 간 윤 대리는 커피를 주문하려고 주문대 앞으로 간다. 주문대 앞에는 큰 글씨로 이렇게 쓰여 있다.

"불편사항은 직원이 아닌 사장 놈에게 전화하세요!

010-XXXX-XXXX"

이러한 문구 옆에 우락부락한 사장의 얼굴 사진이 붙어 있다. 불편사항이 있어도 웬만하면 전화 걸기 힘든 얼굴 덕에 윤 대리는 피식 웃으며 카페에서 나온다.

그러다, '아! 오늘 은행에 청약통장에 관해서 물어볼 일이 있었지!' 갑자기 은행에 볼일이 생각난다. 은행 고객센터에 전화해 상담원 연결을 누르자 안내 문구가 나온다.

"2018년 10월 18일 산업안전보건법에 의해 상담사에게 폭언할 경우 처벌될 수 있습니다."

윤 대리는 감정노동자 보호법이 시행된 지 며칠 지나지 않았는데 이렇게 빨리 변화된 모습에 놀란다. 통화를 마치고 뉴스를 검색하던 윤 대리는 울산 맥도날드에서 폭언과 폭행을 한 고객이 고발 조치되었다는 뉴스를 본다.

작은 변화가 우리 주변에서 일어나고 있다. 다른 나라에는 감정노동자에 대한 보호법이 있을까? Case 4에서는 선진국에서는 어떤 방식을 취하고 있는지 알아보고 국내 감정노동자 보호법이 가고자 하는 방향이 무엇인지 생각해보자.

01
감정노동자 현황

고용노동부는 국내 새로운 직업의 대부분이 서비스업에 속한다는 조사 결과를 발표했다. 산업구조가 서비스업 중심으로 변화되면서 감정노동에 종사하는 인구는 56만~740만 명으로 전체 임금노동자_1829만6000명의 31~41% 수준으로 추정하고 있다. 고용노동부의 2011년 '취업자 근로환경조사' 결과에 따르면 근무시간의 50% 이상을 고객, 승객, 학생, 환자와 같은 사람들을 직접 응대한다고 응답한 경우가 약 740만 명이었다. 또한, 2007~2009년도에 진행한 '국민건강영양조사' 결과에서 '감정을 숨기고 일함'에 '그렇다'라고 응답한 사례가 약 560만 명이었다.

직업 활동에서는 육체적인 에너지만 소모하는 것이 아닌 '감정소진'과 같은 정신적 에너지도 소모된다. '건강 심리학'에서 언급하는 '건강'이란, 과거에는 병이 없는 상태를 의미했다. 즉, 건강의 목적은 질병을 치료하는 것에 더 가까웠다. 그러나 현대에 와서 '건강'의 정의는 단순히 질병이 없는 상태가 아니라 '사회적·신체적·심리적 영역 등에서 안녕_well-being의 완전한 상태'의 의미로 변화된다. 삶을 유지하는 동안 인간답게 생활을 영위할 수 있는 수준으로 사회적·신체적·심리적 영역을 유지하는 것으로 건강의 의미는 변화된다. 이것은 중요한 의미를 전해준다. 삶의 목적이 생명유지가 아닌 인간다운 삶이라는 것에 초점이 맞추어져 신체나 정신이 건강해야 인간답게 살 수 있음을 보여주는 것이다. 이처럼 경제활동을 위한 직업이 신체적·정신적으로 '건강'에 방해되지 않도록 법으로 제정해 보호해야 한다는 목소리가 높아졌고 2018년 10월 18일 감정노동자 보호법이 시행되기에 이르른다.

그러나 국내의 감정노동자 보호법은 서비스 업종에 국한되어 있으며 다양한 직무 스트레스를 포함하는 데 한계가 있다. Case 4에서는 감정노동자 보호법을 자세히 살펴보고 선진국은 어떻게 법 제정이 되어 있는지 비교해보자.

02
감정노동자 보호법_국내 현황

국내 노동법에는 감정노동에 대한 별개의 개념이나 구분이 없었다. 근로기준법 제2조 1항 3호에 "근로란 정신노동과 육체노동을 말한다"라고 규정되어 있었을 뿐이다. 이후 산업재해로 감정노동을 인정하고, 차별금지법 제정을 통해 정신적 괴롭힘을 일종의 차별행위로 인정할 필요가 있다는 의견이 계속해서 확대되었다.

정신건강에 대한 관심 증가와 '감정노동자'를 보호해야 한다는 다양한 의견 아래 2018년 4월 17일 산업안전보건법 개정안 감정노동자 보호법이 발행된다. 법 발행 후 6개월 이후부터 시행되기 때문에 2018년 10월 18일부터 감정노동자 보호법이 시행되었다. 자세한 법규 내용은 아래와 같다.

◆ 고객의 폭언 등으로 인한 건강장해 예방조치

① 사업주는 주로 고객을 직접 대면하거나 「정보통신망 이용촉진 및 정보보호 등에 관한 법률」에 따른 정보통신망을 통하여 상대하면서 상품을 판매하거나 서비스를 제공하는 업무에 종사하는 근로자(이하 "고객 응대 근로자"라 한다)에 대하여 고객의 폭언, 폭행, 그 밖에 적정 범위를 벗어난 신체적·정신적 고통을 유발하는 행위(이하 "폭언 등"이라 한다)로 인한 건강장해를 예방하기 위하여 고용노동부령으로 정하는 바에 따라 필요한 조치를

하여야 한다.

② 사업주는 고객의 폭언 등으로 인하여 고객 응대 근로자에게 건강장해가 발생하거나 발생할 현저한 우려가 있는 경우에는 업무의 일시적 중단 또는 전환 등 대통령령으로 정하는 필요한 조치를 해야 한다.

③ 고객 응대 근로자는 사업주에게 제2항에 따른 조치를 요구할 수 있고 사업주는 고객 응대 근로자의 요구를 이유로 해고, 그 밖에 불리한 처우를 하여서는 아니 된다.

그렇다면 감정노동자 보호법이 시행되기 전과 후의 차이점은 무엇일까? 시행 전 사례부터 살펴보자.

● 시행 전 사례

- SK텔레콤 고객센터 노동자가 감정노동과 사과 강요, 징계 경고로 인해 우울증이 발생했다고 손해배상을 청구했다.

1심에서 감정노동에 대한 회사의 보호의무 위반 행위에 대해 70% 과실을 인정한다고 판결이 난다. '서울남부지법 2012가단 25092'에서 '가단' 앞에 있는 번호가 처리된 해를 의미한다. 이 사건은 2012년도 사건이다. SK텔레콤에서는 항소했고, 2013년 이루어진 항소심에서는 원심과 달리 사업주가 보호의무를 위반하지 않았다고 최종 판결이 난다.

◈ SK텔레콤 고객센터 노동자가 감정노동과 사과 강요, 징계 경고로 인해 우울증이 발생했다 손해배상을 청구함.

-1심: 감정노동에 대한 회사의 보호의무 위반 행위에 대해 70% 과실을 인정함

　(서울남부지법 2012가단25092)

-항소심: 원심과 달리 사업주가 보호의무를 위반하지 않았다고 판결

　(서울남부지법 2013나8125 판결)

　감정노동자 보호법이 시행되기 전에는 해당 사건과 같이 직원의 신체적·정신적 건강에 대한 안녕의 책임이 전적으로 회사에 있다고 보지 않았기 때문에 대부분의 판례에서 회사가 승소했다.

　그렇다면 2018년 10월 18일 이후로는 어떻게 변화했을까? 직원의 신체적·정신적 건강에 대한 안녕의 책임이 회사에 있다고 보는 것이다. 회사는 근무시간에 노출되는 다양한 위험에서 직원을 보호해야 할 의무가 있다.

　울산 맥도날드 사건에서 고객은 직원의 얼굴에 햄버거를 던지고 가버린다. 해당 점주는 3일 후 고객을 폭행 혐의로 고발 조치하고, 한국 맥도날드 측은 미디어를 통해 사건의 경위를 발표한다.

"직원 보호 및 피해 구제를 위해 김 씨를 경찰에 고발 조치했다. 당사도 직원의 안정 및 피해 구제를 위해 필요한 모든 조치를 다할 예정이다."

여기서 말하는 필요한 모든 조치는 고객이 햄버거를 던진 장면의 CCTV 영상뿐 아니라 증인 출석에 필요한 직원들의 협조 등 모든 것을 포함한 것이다. 고발 조치 후, 고객은 경찰에 출석해 '사과하고 싶다'라는 뜻을 밝힌다. 그렇게 화를 내던 고객은 당일도 아니고 5일이 지나서 출석한 경찰서에서 왜 사과하고 싶다고 했을까? 맥도날드 직원은 정신과 치료를 받았으며, 정신과·정형외과 진단서를 경찰에 제출할 예정이라고 했다.

고객이 직원에게 던진 건 햄버거 뭉치였다. 정확하게 말하면 햄버거 단품이었으니 봉지 안에는 빨대나 음료수가 없었다. 직원 얼굴이 긁히거나 뜨거운 음료수에 데거나 하진 않았을 것이다. 이 상태에서 정형외과에서 진단서를 끊으면 어떻게 나오는가? 아무런 상처가 없어도 기본적으로 2주는 나온다. 그리고 정신과 진단서에서 주로 사용되는 'MMPI-2'는 심리적 정상 범주인 65점 이상이 되는 항목이 있다면 우울증과 같은 정신과 진단명이 나올 수 있다. 정형외과나 정신과 모두 진단서가 법에 적용될 수 있다.

고객이 사과한 이유는 '감정노동자 보호법'의 벌칙 때문일지도 모르겠다. 제68조에 의하면 '감정노동자 보호법'을 위반하는 사람은 1년 이하의 징역 또는 1천만 원 이하의 벌금에 처할 수 있다. 고객의 사과에도 경찰 관계자는 '이유는 어찌 됐든 폭행 사실은 변함이 없으며, 추후 피해자가 진단서를 제출하면 폭행이 아니라 상해 혐의를 적용할지도 검토할 것'이라고 했다. 직원의 정신과·정형외과 진단서에 따라 달라진다는 의미다.

과거의 '월급을 받으려면 당연히 참아야지!'라는 고정관념에서 '감정노동자 보호법'의 시행까지 비약적인 발전이 있었음에도 아직 감정노동자를 보호하기 위해 갈 길이 많이 남아 있다. 현재의 감정노동자 보호법은 사전예방조치_1항에 대한 강제규정은 없으며 발생 또는 발생 우려 이후 조치_2, 3항에 대한 강제성만 있다.

'울산 맥도날드' 사건을 예로 들면, 고객이 사원에게 햄버거나 물건을 던질 수 없도록 고객의 공간과 직원의 공간을 분리하는 투명 벽이나 망을 설치한다든지 혹은 사원에게 폭언이나 폭행을 하지 말라는 경고문구를 붙인다든지 하는 등을 사전예방조치라고 할 수 있다.

12 감정노동자 보호법의 벌칙 – 제26조의 2

◆ 제68조(벌칙)

- 다음 각 호에 어느 하나에 해당하는 자는 1년 이하의 징역 또는 1천만 원 이하의 벌금에 처한다.

즉, '해당 행동을 규제할 수 있는 그 어떤 것을 해당 지점에서 시행했는가? 그렇지 않은가?'에 대해 아직은 평가하지 않는다. 그럼에도 불구하고 법이 시행된 이후, 커피숍이나 음식점에서 '직원에게 폭언이나 폭행을 하지 말아주세요!'라는 문구를 볼 수 있다. 고객센터는 상담사 연결 전 감정 노동자 보호법에 대한 설명이 나온다. 이것은 사전예방조치에 대한 강제 규정은 없으나 사원에게 폭언·폭행이 일어나지 않도록 기업에서 자체적 으로 예방조치에 대해 고민한다는 것을 보여준다.

03
감정노동자 보호법_선진국 현황

지금까지 국내 감정노동자 현황과 국내의 감정노동자 보호법에 대해 알아보았다. 그렇다면 선진국의 감정노동자 보호법은 어떻게 규정되어 있을까? 아래 내용은 고용노동부의 〈감정노동으로 인한 업무상 질병 인정범위 및 기준에 관한 연구〉에서 국가별 연구사례를 참고하여 작성하였다. 선진국의 사례를 기준으로 살펴보자.

● 일본

일본의 경우, 기업이 적극적으로 노동자의 마음 건강을 유지하는 노력을 할 수 있도록 노동자의 정신적인 건강을 법률로 보호하고 있다. 1999년부터 노동안전위생법에 따라 사업자는 사업장에서 '노동자 마음 건강 유지 증진을 위한 지침서'를 따르도록 의무화되었다. 이 기준에 따라 노동자가 근무 중 발병의 원인이 된 작업을 했다고 인정되면 산업재해로 인정한다. 노동자가 자살이나 자해 등 심각한 정신적 피해를 받았을 경우 사용자에 대해 안전 배려 의무 등을 위반한 책임을 물을 수도 있다.

일본의 소니는 회사에 'Wellness Center'를 설치하고 정신과 의사가 상주하고 필요하면 외부 전문기관을 통해 상담과 컨설팅을 진행한다. 국내 대기업도 최근 회사내에 상담소를 설치해 상담가를 채용하는 추세이다.

● 독일

독일은 서비스 업종에 대한 감정노동 행동지침을 마련하고 있다. 의사소통 능력, 스트레스 해소법에 대한 직원 교육을 실시하고 직원에게 격려와 지지를 제공한다. 좋은 성과를 낸 직원에게 인센티브를 제공하고 감정노동에 어려움을 겪는 직원에게 감정을 해소하는 방법을 훈련한다. 여기까지는 국내의 기업과 거의 비슷해 보인다. 직원에 대한 업무배정 시 직원의 특성을 고려하여 업무를 배정하며 불만처리 시 직원에게 판단과 결정에 대한 자율성을 제공한다는 것이 국내 기업과 차별되는 부분이다.

국내에도 직원의 특성을 고려해 업무를 배정하는 기업이 있다. 그러나 직원의 특성을 어떻게 고려할 것인가에 관한 규정 기준이 없다. 다시 말해, 업무의 성격과 직원의 특성이라고 말할 수 있는 성격이나 적성을 어떤 기준으로 연관 지어 적합성을 판단할 것인가의 복잡한 문제가 남아 있다. 이것은 전문가의 도움이 필요하다. 단순히 담당 관리자의 주관적 판단으로 이루어지는 것은 의미가 없다. 주관적 판단을 어떻게 최소화할 것인가에 대한 매뉴얼이 필요하다.

또한, 고객불만 처리 시 직원에게 판단과 결정에 대한 자율성을 제공하는 것에 관해서는 그 자율성의 범위를 어디까지로 정해야 할 것인가에 대한 과제도 남아 있다. 기업이 직원을 사전에 보호해야 할 의무의 강제성은 없어서 직원의 판단에 대한 자율성이 모든 기업에 적용되기까지는 시일이 더 걸릴 것으로 보인다.

● 영국

영국의 경우, 〈HSE의 감정요구 직업에 대한 보고서〉에 따라 직업적으로 발생되는 감정노동을 특별히 관리하고 있다. 앞서 독일 사례에서 언급했던 직원의 특성이나 직무 특성에 대해 영국은 더 면밀히 관리되고 있다. 〈HSE의 감정요구 직업에 대한 보고서〉에 따르면 감정노동이 건강에 미치는 영향은 직무의 특성에 의해 달라질 수 있으므로 직무 특성과 함께 관리되어야 한다고 기재되어 있다. 또한, 감정노동 경험에 대한 다양한 관심과 접근이 필요하며 직무 구성이나 건강 중재 방안을 모색해야 한다고 권고하고 있다. 모든 면에서 상황에 맞는 면밀한 검토와 평가가 이루어져야 한다고 강조한다.

고객센터 내에서 일반 상담직과 불만고객 전담팀 팀장의 업무는 모두 상담업무로 동일하나 직무의 특성이 다르다. 일반 상담직은 웃으면서 고객을 대하나, 팀장은 심한 경우 블랙컨슈머까지 응대한다. 당연히 감정노동의 강도도 다를 것이다. 이런 부분에 대한 면밀한 검토가 필요하며 그에 따른 평가가 별도로 이루어져야 한다. 이처럼 국내에도 감정노동이 심한 직업의 직무 특성이 반영되어야 한다.

● 유럽

유럽은 직무 스트레스를 제조업과 서비스업에 광범위하게 적용해서 산업재해의 범위를 사고 중심에서 질병 중심으로 확대하고 있다. '사고 중심'과 '질병 중심'의 의미를 설명하면 다음과 같다. '사고 중심'은 사고가 발생한 경위를 조사하고 조사 결과를 중심으로 산업재해의 범위를 정하는 것이다. '울산 맥도날드' 사건을 떠올리면 '언제, 어디서, 어떻게, 누가, 무엇을, 왜'의 6하 원칙에 의해 사건 경위를 조사한다. 그 과정에서 누가 누구에게 어떤 상해를 입혔으며 과정이 어떠했는지가 굉장히 중요한 단서가된다. 그러나 '질병 중심'은 산업재해의 범위를 말 그대로 '질병 중심'으로 정하는 것이다. '울산 맥도날드' 사건에서 직원의 정신적 진단서에 '우울증'이 진단되었고 고객의 폭언과 폭행이 '우울증'의 발병 원인이라고 인정되면 산업재해의 보상을 받을 수 있다. 즉, 유럽은 과정보다 결과적으로 판단하고 직원이 질병을 얻었다면 그것에 더 중점을 두고 보상을 적용할 수 있도록 법과 제도가 이루어져 있다. 산업안전건강 문제와 관련해서 구체적인 매뉴얼까지 제시되어 있으며 직장에서 받는 스트레스를 차별행위라고 간주하여 이를 법으로 처벌할 수 있도록 하고 있다.

국내의 움직임을 살펴보면 결과적으로 유럽의 산업재해 범위와 유사하게 확장될 가능성이 있다. 아직 '사고 중심'에서 '질병 중심'으로 산업재해의 범위가 확대되는 것은 시간이 필요해 보이지만 감정노동자 보호법의 시행과 관련 매뉴얼이 나온 상태이다. 또한, 2019년 7월 16일부터 '직장 내 괴롭힘 금지법'이 시행되며 '직장 내 괴롭힘'도 산재로 인정받게 되었다.

그러나 외국의 경우 감정노동이라는 용어가 법령이나 가이드라인에 제시된 경우는 드물다. 감정노동은 국내에서만 법령에 사용하고 있다. 선진국은 대부분 특정 직종 근로자의 직무 스트레스 관리나 전반적인 보건관리를 위한 지침으로 언급되었다. 만약 감정노동이라는 용어를 법령에 사용하려면 감정노동은 서비스 업종만이 아닌 인간의 관계적인 측면에서 감정관리가 어려운 모든 직업으로 감정노동의 의미를 확장해야 한다. 유럽과 같이 직무 스트레스의 관점으로 확장되어 다양한 직업군에서 산업안전보건법의 업무상 질병으로 인정될 수 있어야 할 것이다.

기업도
불만고객을 연구하다

[기업을 악용하는 블랙컨슈머]

최근 분유캔 입구에 녹이 슬었다며 남양유업에 100억을 요구한 고객이 나타나 남양유업이 공식 입장을 SNS를 통해 발표했다 ㅡQR코드 참고.

"해당 블랙컨슈머의 악의적 요구에 대해 민형사상 고소를 진행 중이며 그동안 소비자 보호를 위해 인내했으나 비방 수준이 높아지고 브랜드 훼손이 심해져 엄중히 대응하기로 했다"고 밝혔다.

남양유업은 식약처를 통한 검사와 병원 진단 확인을 제의했지만 고객은 거절하고 '아들이 조폭이다. 100억을 내놓아라, 안 되면 5억이라도 달라'는 등 협박을 지속했다고 한다. 마지막으로 남양유업 측은 "만의 하나 제품에 문제가 있는 것으로 식약처 등에서 확인되는 경우 결과에 따른 무한책임을 약속드린다"고 밝혔다.

01
불만고객 응대의 특성

사람을 대하는 직업에서 가장 힘든 것이 불만 응대라고 해도 과언이 아니다. 화가 난 사람, 불만을 표현하는 사람과 대면하거나 대화하는 것은 결코 쉬운 일이 아니다. 최근 직업군의 규모가 커지면서 대부분 직업이 서비스화되고 있다.

예를 들면 약사는 과거에는 약만 잘 지으면 되었다. 그러나 최근 병원과 약국의 규모가 커지면서 서비스에 따라 매출이 달라지게 되었다. 주변의 약국과 경쟁하기 때문이다. 이처럼 고객 응대에 관한 관심이 다양한 직업군에서 나타나며 불만고객에 관한 접근도 과거와 비교해 다양한 측면에서 이루어져야 한다는 목소리가 높아지고 있다.

불만고객 응대는 두 가지 관점에서 나누어 볼 수 있다.

● 첫째는 '고객의 분노를 어떻게 가라앉힐 것인가?'의 관점이다.

고객의 분노는 제시한 문제를 해결했을 때 대부분 종료된다. 하지만, 고객 응대는 사람을 대하기 때문에 심리적인 부분을 무시할 수 없다. 심리학은 과학적인 학문이지만 그런데도 '분위기'에 따라 달라지는 것이 인간의 심리다. 고객의 심리를 이용해 어떻게 하면 더 빨리 그리고 더 시끄럽지 않은 방법으로 해결이 가능한가에 대해 기업은 계속해서 고민한다.

● 둘째는 '고객이 원하는 것은 무엇인가?'의 관점이다.

화난 고객은 자신의 감정과 생각과 요구사항_Needs을 모두 섞어서 표현한다. 여기에다 직원과의 언쟁 중 상한 감정이 더해지면 문제는 더 복잡해진다. 불만고객 응대 시 필요한 것은 모든 것이 뒤죽박죽되어 버린 고객의 표현 사이에서 원하는 요구사항_Needs만 골라내는 것이다. 그리고 고객의 엉켜버린 표현을 정리하며 공감하는 부분도 필요하다. 고객의 말을 상담자가 정리하고 공감하면서 고객도 자신이 하는 말이 정리되기 때문이다.

이번에는 Case 5에서의 두 가지 관점 중 '고객의 분노를 어떻게 가라앉힐 것인가?'에 대해 기업은 어떤 노력을 했는지 살펴보자.

02
세 가지를 바꿔라!

미국의 심리학자 해리 할로우 Harry Harlow 박사는 새끼 붉은털 원숭이로
실험을 했다. 한쪽에는 철사로 만들어진 몸체에 젖병을 달았고, 다른 하나
는 젖병 없이 수건과 같은 부드러운 천으로 감쌌다. 새끼 원숭이를 방에
넣고 어느 쪽으로 가는지 관찰한다. 새끼 원숭이는 어디로 갔을까?

13 해리 할로우 박사의 붉은털 원숭이 실험

사진에서 보이는 것처럼 새끼 원숭이는 대부분의 시간을 천으로 감싼 원숭이와 함께 보낸다. 그리고 배가 고플 때만 철사 원숭이에게 가서 젖을 먹는다. 그러고는 다시 돌아와 천으로 감싼 원숭이에게 안겼다. 원숭이가 원하는 것은 무엇이었을까? 생명을 유지하기 위해서는 어미 원숭이의 젖이 꼭 필요하지만, 철사 원숭이와 함께 시간을 보내진 않았다. 이렇게 동물에게도 설명하기 힘든 심리적인 부분이 있다. 더 부드럽고 더 따뜻한 느낌이 드는 천으로 감싼 원숭이가 더 좋은 느낌을 준다. 불만고객 응대를 위해서는 철사 원숭이의 먹이와 천으로 감싼 원숭이와 같은 따뜻한 분위기 모두 필요하다.

기업은 불만고객의 특징을 연구하고 불만고객에 대응하기 위해 필요한 것이 무엇인지 파악하기 시작한다. 불만고객의 전형적인 행동을 분석하고 이를 토대로 구체적인 기업의 대응방안을 마련한 것이다. 14 는 불만고객에 관한 기업 대응방안을 정리한 것이다. 상세히 살펴보겠다.

● A 전자회사는 전담 대응팀을 설치했으며 10회 이상 부당한 요구에 대해 고소·고발을 진행한다.

● 다음은 통신회사의 불만고객 대응책이다.

LG는 폭언·폭행 시 경찰협조를 요청한다. KT는 고객의 삼진아웃제를 도입하고, 폭언·폭행에 대해서는 법적 대응까지 가능하며 불만고객 전담팀도 신설했다. SK텔레콤은 휴대폰 114에 업무방해 수준으로 자주 접속하면 114 접속을 차단한다. 타 연락처로 시도하면 내용증명 등 법적 조처를 한다. 통신회사는 감정노동자 보호법이 시행되기 전부터 폭언·폭행이 반복적으로 심한 고객에게는 법적 조치와 차단 등 강경책을 펼쳤다. 그 이유는 휴대폰에서 114를 눌러 간편하게 접속이 가능하고 무료통화라는 점을 악용해 반복해서 강한 불만을 제기하는 고객, 즉 블랙컨슈머의 업무방해 유형 때문이다. 극히 소수 고객에게만 적용한 내용이다.

● 다음은 백화점과 홈쇼핑의 불만고객 대응책이다.

현대백화점은 CCTV를 확대 설치해서 CCTV 사각지대를 줄이고 카피녀 환불 거절 안내문을 고지한다. 롯데백화점은 불만처리위원회 TF팀을 신설하고 고객상담실 내 내실을 설치하며 조명도 교체했다. 신세계백화점은 브랜드 측에 환불 결정 여부를 확대했다. 갤러리아백화점은 고객 상담시 조도 400~500 렉스에서 150 렉스로 낮추고 내실을 설치했다.

백화점은 공통적으로 불만고객 전담팀을 만들고 상담할 수 있는 상담실을 만들었다. 상담실의 조도는 매장보다 어둡게 꾸몄으며 환불을 악의적으로 하는 블랙컨슈머에 대한 대응책을 마련했다.

GS홈쇼핑은 사은품과 보상을 받기 위해 반복해서 반품이나 교환을 하는 고객에게 추후 주문이 불가하다는 우편물을 발송한다.

14 를 현재 기준으로 업그레이드하면 불만고객 전담팀은 대부분의 기업에 설치되어 있으며, 감정노동자 보호법이 시행되면서 폭언·폭행과 블랙컨슈머처럼 악의적인 고객에 대한 법적 대응도 진행하고 있다.

14 불만고객에 관한 기업 대응방안

기업명	대응방안
A 전자회사	· 전담 대응팀 · 10회 이상 부당한 요구 시 고소고발
LG	· 폭언 · 폭행 시 경찰협조 요청
KT(케이티스)	· 삼진아웃제 폭언 · 폭행은 법적대응까지 가능 · 불만고객 전담팀
SK텔레콤	· 휴대폰 114 업무방해 정도로 자주 접속 시 114 접속차단 타 연락처로 시도 시 내용증명 발송 등 법적조치 · 불만고객 전담팀
현대백화점	· CCTV 확대 설치, 카피녀 환불 거절 안내문 고지
롯데백화점	· 불만처리위원회 TF팀, 고객상담실 내 내실 설치, 조명 교체
신세계백화점	· 브랜드 측에 환불 결정 여부 확대
갤러리아백화점	· 고객 상담 시 조도 400~500렉스에서 150렉스로 낮춤 · 내실 설치
GS홈쇼핑	· 추후 주문을 안 받겠다는 우편물을 발송 (사은품과 보상받기 위한 계속된 반품이나 교환)

해당 기업의 상황에 따라 대응방안은 변경될 수 있음

이처럼 불만고객을 분석하고 진행한 기업 대응방안을 크게 세 가지로 함축할 수 있다. **15** 의 '불만고객을 위한 세 가지 변경사항'으로 요약할 수 있다. 세 가지 변경사항은 첫째 '장소를 바꿔라', 둘째 '시간을 바꿔라', 셋째 '사람을 바꿔라'이다. 각각의 상세내용을 살펴보자.

● 첫째 '장소를 바꿔라'는 고객 응대를 위한 공간을 이동하라는 의미다.

어떻게 보면 '이 사무실에서 응대하나 저 사무실에서 응대하나 다 같은 거 아닌가?'라고 생각할 수도 있다. 그러나 실제로 장소를 바꾸는 것은 인간의 심리적 환기를 유도한다. 익숙한 장소보다 낯선 장소에 가면 사람은 심리적으로 위축되기 마련이다. 축구 경기도 홈 경기장에서 하면 실적이 더 좋다고 하지 않는가? 장소를 옮김으로써 고객의 '분노'를 환기함과 동시에 고객을 심리적으로 위축시킨다.

또 다른 이유는 장소이동은 고객이 '나에게 특별대우해 주는구나!'라고 느끼게 한다. 14 에서 고객과 대면 업무를 수행하는 기업은 '고객상담실'을 신설한 것으로 나와 있다. 다른 곳으로 이동해 차를 대접하는 등 장소 변화가 특별대우 느낌으로 와닿아 '분노' 감정을 낮추는 효과를 준다.

마지막 이유는 불만고객과의 특별 협상은 다른 고객에게 오픈되지 않아야 하기 때문이다. 백화점에서 특별히 환불해주는 과정을 다른 고객이 보고 불만 제기할 수도 있다. 이런 특별 케이스를 보호하기 위해 많은 기업에서 '고객상담실'을 사용한다.

● 둘째 '시간을 바꿔라'는 30분 이상의 시간을 만들라는 뜻이다.

'분노'의 파괴적인 성질은 인간이 신체적으로 30분 이상 분노를 유지하지 못하게 한다. 그만큼 에너지 소모가 매우 큰 감정이다. 30분이 지나면 '분노'가 사라진다는 의미가 아니라 극도의 치솟은 흥분 상태인 폭풍은 지나갈 수 있다는 의미다. 이와 같은 이유로 전화상 고객 응대에서 불만이 너무 심한 고객은 '변화되는 것은 없지만 그래도 한 번 더 확인하고 전화드리겠습니다'라고 양해를 구하고 30분 후에 다시 통화할 것을 권하기도 한다. 대면 업무에서는 장소와 담당자를 바꾸고 차를 대접하는 등 30분까지는 아니더라도 약간의 시간을 벌 수 있다. '시간을 바꿔라'의 의미는 고객을 흥분 상태에서 생각할 수 있는 상태로 전환한다.

● 셋째 '사람을 바꿔라'는 불만고객을 응대하는 접점인 담당자를 바꾸라는 내용이다.

불만고객의 특징 중 하나는 처음에는 기업의 서비스나 제품에 불만이 있어 대화를 시작한다. 그러다 담당자나 고객 모두 사람인지라 대화 속에서 서로의 감정이 다치는 경우가 있다. 그 과정에서 자칫하면 고객의 불만이 더 가중될 수 있다. 이쯤 되면 고객은 처음 언급한 문제보다 담당자로 인해 다친 감정에 더 집중하게 된다. 다친 감정을 직접적으로 표현하기도 하고 그러지 않고 돌려서 표현하기도 한다. 그러나 중요한 것은 상대방에게 감정이 상한 후에는 원활한 대화가 어렵다는 것이다. 담당자를 변경하면 고객은 전 직원에게 상했던 감정을 다시 추스를 수 있다. '전 담당자가 내가 이렇게 말하니 저렇게 표현해서 내가 마치 일부러 이렇게 말하는 것같이 표현하더라.' 이런 식의 호소가 시작된다. 이런 이유로 '사람을 바꿔라'는 세 가지 변경사항 중 가장 큰 효과를 볼 수 있다.

다시 14 로 돌아가서 세 가지를 기업은 어떻게 적용했는지 살펴보자.

대부분 법적 대응을 고려하며, A 전자회사, KT, SK텔레콤, 롯데백화점은 '사람을 바꿔라'에 해당하는 불만고객 전담팀을 신설한 것을 볼 수 있다. 14 의 내용은 2014년도 기준으로, 최근 자료로 업데이트하면 불만고객 전담팀은 대부분 회사에 설치되었다.

대면 업무인 백화점에서 '장소를 바꿔라'에 해당하는 고객상담실을 만들었다. 여기에서 중요한 것은 상담실의 조명을 약간 어둡게 변경한 것이다. 조명이 밝은 곳에 있다 조도를 낮춘 곳으로 가면 어떤 느낌이 드는가? 인간의 감정 중 빛의 어두움은 '우울'로 표현되기도 한다. 날씨가 흐린 날은 기분이 우울해지고 극도의 우울함을 느끼는 날은 방 안의 불을 켜지 않고 앉아 있기도 한다. 이런 심리적 효과를 활용한 것이다.

15 불만고객을 위한 세 가지 변경사항

장소

시간

사람

장소를 바꿔라
- 불만 고객 응대를 위한 장소를 바꿔라!
(장소는 인간의 심리적 환기를 가능하게 한다.)

시간을 바꿔라
- 시간을 바꿔라!
(가능하면 업무 확인을 위한 30분을 확보하라.)
- 분노는 폭발적이라 30분 이상 지속되지 못한다.

사람을 바꿔라
- 사람을 바꿔라!
(가능하면 업무 처리 담당자를 변경한다.)
- 이전 담당자와 대화에서 상한 감정을 추스른다.

'분노'나 '화'는 매우 활동적인 감정이기 때문에 조도를 낮춤으로써 기분의 양상을 바꿔준다. 기분은 분위기에 따라 달라진다고 앞에서 말했듯이 장소를 바꿈으로써 일차적으로 심리적 환기가 되고 조도를 낮추면서 효과를 배가시키는 것이다.

팁을 하나 더 주면, 불만고객 담당자의 목소리는 일반 상담팀에 비해 낮은 저음이다. 이것은 성별을 구분하지 않는다. 남자뿐 아니라 여자 담당자도 일반 상담팀보다 저음을 유지한다. 감정은 감각을 감지해서 느낀다. 오감 중 빛의 조도를 낮추는 시각적인 측면, 목소리의 음성을 낮추는 청각적인 측면, 장소를 바꿔 체감적인 분위기를 바꾸는 촉각적인 측면 등 다양한 측면에서 오감을 감정을 낮출 수 있도록 변화시킨다. 고객상담실에 후각적인 측면을 추가해 '라벤더' 향과 같이 릴렉스하게 만드는 아로마 오일을 사용하는 것도 좋은 방법이다. 이 모든 것이 고객의 흥분지수를 가라앉히는 데 한몫한다고 볼 수 있다.

03
불만고객으로부터 직원을 보호하라!

고용노동부는 기업에 직원이 감정노동을 일으키는 사건이 발생하지 않도록 보호할 것을 권고하고 있다. 감정노동 사건 발생 전의 직원 보호는 의무는 아니지만, 일단 사건이 터지면 다양한 문제가 발생할 수 있다. 그렇다면 기업이 직원을 보호하는 방법은 어떤 것이 있을까?

● 첫째, 평상시 직원의 감정노동 상황을 보호하고, 사건이 발생하면 증거자료로 사용할 수 있는 장비나 설비를 구축하는 것이다.

매장이 있는 기업이라면 CCTV를 설치하고, 택시나 버스 등 운수업은 블랙박스 등 업무 특성에 맞는 설비를 구축한다. 백화점이나 마트 등 대부분 공공장소에는 CCTV가 설치되어 있다. 감정노동자 보호법 시행 이후 CCTV의 사각지대를 확인하고 추가 설치를 검토하는 기업이 늘고 있다. 영상만 제공되는 장비보다 영상과 음성이 함께 제공되는 장비가 더 많은 증거확보가 가능하다.

● 둘째, 불만고객 매뉴얼을 만들고 모든 직원이 인지할 수 있도록 교육 및 훈련하는 것이다.

불만고객 매뉴얼은 되도록 구체적이고 상세하게 만들어야 한다. 불만고객 유형에 따라 직원이 어떻게 대처해야 하는지에 대한 상세한 지시사항이 포함되어 있어야 한다. 또한, 텍스트로 되어 있는 매뉴얼을 한눈에 알아볼 수 있도록 프로세스 맵으로 그리는 것도 필요하다. 이는 담당자 변경을 대비한 빠른 업무 숙지와 고객에게 제공하는 서비스의 품질을 일정하게 유지하는 역할을 한다.

● 셋째, 불만고객으로부터 자신을 보호하는 방법을 직원에게 교육한다.

녹취는 고객의 동의를 얻어야만 가능하다고 알고 계신 분들이 생각보다 많다. 당사자 몰래 녹취한 것은 법정의 증거자료로 채택되지 않는다. 하지만 본인이 현장에 있었다면 증거자료로 인정된다. 쉽게 말해, 불만고객 담당자가 고객을 대면하면서 함께 나눈 대화를 녹취한 내용은 증거자료로 인정되며 합법적이다. CCTV로도 증거자료 확보가 어려운 캐디나 불만고객 팀장 등 다양한 직업에서 필요하다. 다채로운 상황에서 직원이 자신을 보호할 수 있도록 녹취가 필요한 상황과 어떻게 대처해야 하는지에 대한 사전 교육 및 실습이 필요하다.

● 넷째, 내부적으로 불만고객 건을 해결하기 힘들다고 판단될 경우 외부기관의 힘을 빌릴 수 있어야 한다.

불만고객 팀장은 종종 악질 고객을 만날 때 경찰을 대동한다. 이는 현장에서 폭언·폭행 등 문제 발생 위험도가 높은 상황에서 이용한다. 주변 경찰서에 사전에 양해를 구해놓고 사건이 발생하면 신속하게 도움을 요청하는 것이다. 전화 응대 시 욕설이 심하거나 쫓아와서 죽이겠다는 등의 협박성 발언을 한 경우 이런 조치가 필요하다. 대면 업무의 경우 경찰 출동을 요청할 수 있고, 비대면 업무의 경우 내용증명 발송 등 다양한 처리방안이 있다. 고객도 분노의 상태로 명확한 판단이 어려운 상황이기에 중재자의 역할로 경찰의 도움을 권하는 것이다. 최근 경찰서의 복지 수준은 상당한 수준이다. 예를 들어, 반복적으로 매장에 방문해 횡포 부리는 고객이 있다면 경찰서에서 스마트팔찌를 제공한다. 불만고객이 오면 팔찌 버튼을 누르고 경찰이 수 분 내로 출동한다. 다양한 정책이 있으므로 어려운 상황에는 먼저 상담받기를 권한다.

간혹 매장에서 자신의 몸을 위협하거나 자해하는 등 신체적 위험을 가하는 고객이 있다. 이처럼 구조가 필요한 상황은 119의 도움을 받아야 한다. 바로 병원으로 이송되어 도움을 받을 수 있도록 조처하는 것이 중요하다. 외부기관의 힘을 빌리는 내용 또한 매뉴얼로 작성하는 것이 좋다.

● 다섯째, 반복적인 불만고객을 최소화하기 위해 VOC_Voice of Customer를 관리해야 한다.

고객이 자신의 기대치에 미치는 서비스를 받지 못했다고 생각하면 불만이 발생한다. 불만을 느낀 소수의 고객만 불만 의사를 밝히므로 소중한 고객의 불만 의견은 다음 서비스나 제품에 반영 및 수정되어야 기업의 성장도 가능하다. VOC를 접수해도 달라지지 않아 무시한다는 직원 의견이 많다. 기업도 VOC의 모든 의견을 수용할 수는 없다. 기업경영의 가장 큰 목적은 이윤추구이므로 이에 부합하지 못하는 의견은 반영이 어려울 것이다. 그럼에도 VOC가 접수되어야 불만고객의 로데이터가 형성되므로 정확한 분석과 수치를 위해서 로데이터는 기본적으로 필요하다. 불만고객의 매뉴얼이나 프로세스 맵에 VOC 접수 내용도 포함한다면 보다 능동적인 불만고객 처리가 가능할 것이다.

● 여섯째, 불만고객을 대응할 수 있는 최소한의 권한을 직원에게 부여해야 한다.

독일의 감정노동자 보호법에서 불만고객 건 처리 시 직원에게 판단과 결정에 대한 자율성을 제공한다는 내용이 있었다. 마찬가지로 불만고객으로부터 직원이 자신을 보호할 수 있는 최소한의 권한은 부여해야 한다. 감정노동 사건이 터진 후 대처방안을 모색하는 것도 좋지만, 사건 발생 전 직원을 어떻게 보호할 것인가에 대한 전반적인 고민이 필요할 때이다.

고객불만을
객관화하라

[레스토랑 불만고객]

윤 점장은 레스토랑 영업준비를 마친다.

오픈하자마자 손님이 들어오며 바빠진다. 그러다 한 직원이 윤 점장에게 뛰어와 격앙된 목소리로 말한다.

"점장님~ 아침부터 정말 미친 고객이 들어왔어요. 수프를 갖다줬더니 뜨겁다면서 감자 수프를 양송이 수프로 바꿔달래요. 그래서 안 된다고 했더니 저보고 상사 데려오래요."

윤 점장은 직원을 진정시키고 잠시 휴식 시간을 갖도록 한 뒤 손님에게 찾아간다.

"안녕하세요~ 윤 점장입니다. 저를 찾으셨다고요."

그러자, 손님이 미안한 표정을 지으며 대답한다.

"아침부터 죄송해요. 제가 아이에게 주려고 감자 수프를 시켰는데 첫 숟가락이 좀 뜨거웠나 봐요. 한 숟가락 먹은 뒤로는 식혀서 줘도 아이가 먹지 않아서요. 혹시나 다른 수프는 맛이 어떤지 아이가 맛을 볼 수 있을까 직원분께 여쭤봤어요. 그랬더니 직원분이 언짢은 표정으로 수프 맛을 다 볼 수 없다면서 양송이 수프나 감자 수프는 누구든 맛을 다 알고 있지 않냐는 거예요. 아니, 어떻게 아이가 양송이 수프와 감자 수프의 맛을 구별하나요? 태어나면서부터 두 가지 수프의 맛 구별이 가능한가요?"

손님의 얼굴색이 점점 상기되었다. 직원이 전달한 내용과 전혀 다른 손님의 말에 윤 점장은 속으로는 당황스러웠지만, 겉으로는 아무렇지 않은 척하며 고객의 말에 공감한다.

"그러셨군요. 직원이 고객님의 마음을 제대로 이해하지 못한 것 같습니다. 그나저나 수프가 뜨거웠던 건 괜찮으신가요? 꼬마 손님의 입안이 덴 건 아닌지요?"

윤 점장의 말에 손님의 시야는 아이에게 돌아간다. 아이의 등을 토닥이며 대답한다.

"제가 잘못했죠. 수프의 겉 온도는 괜찮았는데 안쪽이 더 뜨거웠나 봐요. 아이가 감자 수프를 먹지 않아서 양송이 수프를 먹여보고 맛있어 하면 새로 시키려고 했거든요. 그런데 아까 그 직원은 제가 마치 수프를 다 먹여보고 맛있으면 산다는 식으로 말하니까 너무 화가 나더라고요."

윤 점장은 정중하게 말한다.

"일단 양송이 수프를 맛보실 수 있도록 준비해드리겠습니다. 말씀하신 것처럼 판매용이 아니라서 양이 적을 수 있는데 괜찮으실까요?"

"네! 괜찮아요. 처음부터 아이가 맛볼 수 있는 양이면 좋겠다고 했어요."

윤 점장은 이어서 말한다.

"그리고 입안이 시원하게 에이드 한잔을 더 준비해드리겠습니다. 괜찮으실까요?"

손님은 다시 미안한 표정을 짓는다.

"그렇게까진 안 주셔도 되는데요."

"직원이 대화하는 데 약간의 오해가 있었던 것 같습니다. 저희 레스토랑에서 남은 식사시간 즐겁게 보내시도록 도움 드리고 싶은 마음입니다."

"처음부터 대화가 잘되었다면 이런 일도 없었을 텐데…. 번거롭게 해드렸네요. 신경 써주셔서 감사합니다."

"아닙니다. 또 불편하신 점 있으면 말씀해주세요. 그럼 수프와 에이드 준비하겠습니다. 즐거운 시간 되세요."

윤 점장은 신속하게 양송이 수프와 에이드를 테이블에 갖다 드린다.

위의 레스토랑 사건에서 직원이 놓친 것은 무엇일까?

직원의 불만고객 건을 인계받아 처리하다 보면 흔히 겪는 일이다. 고객도 불만을 말하면서 감정적으로 변하지만, 직원도 마찬가지이다. 이런 이유로 직원에게 감정노동이 발생하게 된다. 직원은 울컥하는 자신의 진짜 감정을 숨기고 가짜 감정으로 웃거나 무표정으로 고객을 응대한다.

하지만 실제로 느낀 진짜 감정으로 고객을 판단한다. 판단이라는 것은 주관이 들어가기 마련이다. 고객의 말을 자기 언어로 재해석하고 감정이 섞이기 때문이다. 직원은 처음부터 이런 생각이 머릿속에 있었다.

'어떻게 레스토랑 음식을 먹어보고 산다고 하지?'

머릿속 생각 위에 고객의 말이 더해져 '먹어보고 사겠다=미친 고객'으로 이어지는 것이다. 이런 상황에서 원활한 커뮤니케이션은 어렵다.

그렇다면, 사원에게 불만고객 응대 관련해서 코치할 때 무엇이 가장 중요할까? Case 6에서는 불만고객이 쏟아내는 말 사이에서 어떻게 고객의 니즈_Needs만 잘 들을 것인가에 대해 고민해보자.

01
사과표현이 먼저가 아니다

불만고객을 응대하는 세부적인 커뮤니케이션 스킬에 들어가기 전에 한 가지 당부를 하려고 한다. 고객이 불만을 표현하는 상황의 첫 타임에 어떤 것도 확인되지 않은 상황에서 먼저 사과하지 말라는 것이다. 과거에는 '고객이 왕이다'라는 인식이 강하고 고객이 틀려도 틀렸다고 말하지 못했다. 과거 CS 교육에서는 사과표현부터 배웠다. '불편 드려 죄송합니다', '양해 부탁드립니다', '고객님의 말씀 새겨서 듣겠습니다' 등 극존칭과 극존중의 표현을 사용했다. 고객이 불만을 표현하면 즉시 사과나 양해표현부터 진행하라 교육받았다. 고객이 불편을 느낀 것만으로도 죄송한 일이었다.

고객센터 상담사가 고객에게 안내해야 하는 필수요소를 기재한 '모니터링 평가표'가 있다. 고객센터의 '모니터링 평가표'를 기준으로 상담 훈련을 받으며, 이것이 점수화되어 본인의 실적이 된다. 실적에 따라 인센티브, 승진, 포상휴가 등이 연결되므로 회사 생활에 지대한 영향을 준다. 16 은 이러한 '모니터링 평가표'의 예시이다. 24 항목을 보면 사과양해표현 항목이 있으며 표현해야 하는 상황에서 누락될 때마다 감점이 되는 것을 볼 수 있다. 이런 표현이 고객을 존중하는 것으로 인식되어 고객 만족도가 올라갈 수 있기 때문이다.

16 고객센터 모니터링 평가표_예

대분류	평가항목		세부내용	배점	평가
도입부	1. 맞이인사	1_1.첫인사	적절한 첫인사 진행(안녕하십니까?행복을 드리는 상담원 OOO입니다.무엇을 도와드릴까요?)	5	
			미흡한 첫인사 진행(인사말,상담원명,맞이인사,화답표현 중 1개 누락/불명확한 발음으로 응대)	3	
			첫인사 누락(인사말,상담원명,맞이인사,화답표현 중 2개 누락/ 불명확한 발음으로 응대)	0	
			소계	5	0.0
상담품질	2.화법 및 응대태도	2_1.친절/배려 (미소+속도)	명확한 발음으로 성의 있고 밝은 목소리로 친절하게 응대	6	
			느리거나 빠른 어투로 사무적이고 딱딱한 느낌의 응대/네?라고 1회 이상 재질문 시 차감	3	
			불명확한 발음으로 퉁명스럽고 클레임 유발되는 응대/네?라고 2회 이상 재질문 시 차감	0	
		2_2.상담멘트	경어체 적절하게 사용	6	
			경어체 사용 미흡	3	
			과도한 요조체 사용(요조체 3회 이상 사용)	0	
		2_3.표현력	상담 전반적으로 정중하고 적절한 언어 사용(전문용어,토막말,속어,은갯말,사물존칭 미발생)	6	
			정중한 응대 진행이나 상담용어 미흡하게 사용(1~2회)	3	
			상담 전반적으로 부적절 언어, 비청중 언어 사용(3회 이상)	0	
		2_4.사과양해표현/대기멘트/동감표현	고객 불편사항 발생되는 시점에 양해표현 구사/대기멘트/ 적절한 동감표현 사용 시	6	
			사과양해,대기멘트 1회 누락/단조로운 동감표현 사용 시	4	
			사과양해,대기멘트 2회 누락/묵음 1회 발생	2	
			사과양해,대기멘트 3회 이상 누락/ 묵음 2회 이상 발생	0	
		2_5.경청도	고객 문의내용에 경청	6	
			고객 문의 시 건성으로 들어 재문의 발생하는 경우	4	
			고객의 말을 1회 이상 끼어들거나 자르고 응대	2	
			고객의 말을 2회 이상 끼어들거나 자르고 응대/말겹침 시 멈추지 않고 말을 할 때	0	
			소계	30	0.0
업무능력	3. 정보탐색	3_1.고객정보 확인	정확한 고객정보 확인(고객정보/고객명/상품정보)	7	
			고객정보 확인 미흡(고객정보/고객명/상품정보 중 1가지 누락)	5	
			고객정보 확인 누락 (고객정보/고객명/상품정보 중 2가지 누락)	0	
		3_2.고객 Needs 파악	문의내용을 정확히 파악/이해하고 응대	5	
			문의내용은 파악되었으나 탐색질문/불필요한 질문/반복질문으로 상담 지연	3	
			문의내용 파악이 되지 않아 반복적인 재질문, 다른 내용으로 응대	0	
	4. 업무전달력	4_1.필수안내 (업무숙지도)	정확한 업무지식으로 문의내용에 대한 안내 및 처리	10	
			업무처리 숙지는 되고 있으나 미흡한 전달 및 처리(필수안내사항 1가지 누락)	7	
			미흡한 업무전달 및 필수안내사항 2가지 이상 누락	3	
			미흡한 업무전달 및 필수안내사항 3가지 이상 누락	0	
		4_2.답변의 정확성	정확한 답변,효율적인 업무처리	10	
			잘못된 답변 후 정정하는 경우/상담원 처리 가능하나 고객에게 미룸(소극적 응대)/추측형 응대	5	
			고객 문의에 대해서 임의안내	0	
		4_3.설명력	고객 위주의 쉬운 설명으로 내용 이해가 잘됨	5	
			내용 위주 쉬운 설명이 미흡함	3	
			장황한 설명/일방적 응대	0	
	5. 정확성	5_1.시스템활용	문의건에 정확한 전산처리와 신속한 전산 활용력/긴급메세지 차수를 정확히 보냈는지	10	
			전산확인 응대 가능하나 고객에게 불필요한 질문/전산확인 미흡	7	
			전산 오처리 후 바로 정정한 경우/전산처리 미흡	3	
			전산처리 누락/쪽지 발송 누락	0	
		5_2.상담기록 (기타메모/상담유형 포함)	고객 문의내용/안내내용 누락 없이 정확히 기재	10	
			CS메모, 기타메모 내용이 불충분할 경우/CS 문의유형 오선택/필수사항 1개 누락	7	
			CS메모, 기타메모 내용이 불충분할 경우/CS 문의유형 오선택/필수사항 2개 누락	3	
			CS메모, 기타메모 중 1가지 이상 누락/필수사항 3가지 이상 누락	0	
			소계	57	0.0
종결부	6. 종결부	6_1. 문제해결 재확인	고객 문의건이 해결되었는지 확인 질문 진행(다른 문의사항 없으십니까?)	3	
			고객 문의건이 해결되었는지 확인 질문	0	
		6_2. 끝인사	적절한 끝인사 진행	5	
			미흡한 끝인사 진행(인사말, 상담원명 중 한 가지 누락 시 /불명확한 발음으로 응대)	3	
			끝인사 누락(인사말,상담원명 모두 누락/불명확한 발음으로 응대)	0	
			소계	8	0.0
			총 누적합계	100	0.0

Case 1의 고객만족을 중요시하던 CRM 경영전략과도 연결되는 부분이다. 하지만, 불만고객에게 섣불리 사과하면 회사의 귀책을 인정하는 것으로 고객이 오해할 수 있다. '그때 사과는 그럼 왜 했냐? 너희들이 잘못한 거니까 사과한 것 아니냐?' 등 언쟁이 발생하지 않게 하기 위함이다. 불만고객 응대 시에는 16 과 같은 모니터링 평가를 진행하지 않으므로 사과 표현을 습관적으로 하지 않도록 강조한다.

02
고객이 원하는 것은 무엇인가?

Case 5에서 언급했던 불만고객 응대 두 가지 관점 중 이번에는 두 번째 '고객이 원하는 것은 무엇인가?'의 관점에서 세부적인 커뮤니케이션 스킬을 살펴본다. 고객의 고성과 욕설이 오가고 인신공격으로 감정노동이 상승하는 불만 상황에서 우리는 어떻게 고객 니즈_Needs만 잘 골라낼 수 있을까?

17 과 같이 불만고객의 요구에 관해 생각과 느낌, 사실로 구분하는 작업은 고객의 니즈_Needs를 객관화할 수 있다.

17 생각+느낌+사실

의미 : 실제로 있었던 일이나 현재에 있는 일

사 실

의미 : 몸의 감각이나 마음으로 깨달아 아는 기운이나 감정

느 낌

고 객

의미 : 사람이 머리를 써서 사물을 헤아리고 판단하는 작용

생 각

먼저, 세 단어의 사전적 의미를 살펴보자.

● 생각이란, 사람이 머리를 써서 사물을 헤아리고 판단하는 작용이다.

정의에서 알 수 있듯이 사물을 헤아리고 판단하는 과정에서 사람마다 주관이 개입될 수 있다. 주관은 사람마다 조금씩 차이가 있으므로 모든 사람의 생각은 다 제각각이라 해도 과언이 아닐 것이다. 예를 들어, 어떤 상담사는 고객이 욕하거나 소리 지르는 것은 '무식해서 그러려니' 하고 생각하고 만다. 하지만, '네가 그리니까 이런 일밖에 못 하는 거다', '뭐 하려고 그 자리에 앉아 있냐' 등 인신공격의 표현에는 화가 난다. 인신공격의 표현에 대해서만 '날 무시하는구나' 하는 생각이 든다고 한다. 그런데 어떤 상담사는 차라리 인신공격하는 고객이 낫다고 하며 욕하거나 소리 지르는 고객은 정말 싫다는 것이다. 이렇게 사람마다 고객 유형에 대한 생각이 다를 수 있다.

● 느낌이란, 몸의 감각이나 마음으로 깨달아 아는 기운이나 감정이다.

감각의 유의어를 찾아보면 느낌, 오감, 감정, 마음이 모두 포함되어 검색된다. 즉, 생각, 느낌, 사실 중 가장 주관적인 것은 느낌이라고 할 수 있다. 예를 들어, 비 내리는 날 처마 밑에 앉아 빗방울이 떨어지는 것을 바라본다고 가정하자. 같은 장면을 보고 어떤 사람은 비 내림으로 인한 빗소리와 공기의 촉촉함, 비의 내음 등 마음이 씻겨 내려가는 듯한 느낌을 받는다. 그런데 다른 사람은 비 내림으로 인한 축축함, 빨래가 덜 마른 듯한 눅눅

함, 비린내, 기분 좋지 않음을 느낀다. 같은 상황을 경험하지만, 각자의 느낌은 전혀 다르다. 느낌은 오감을 통해 전달되는 것이기 때문에 각자의 성향에 따라 다르게 수용된다.

● 사실이란, 실제로 있었던 일이나 현재에 있는 일이다.

　가장 중요한 것은 직원의 생각과 느낌을 제거하고 고객이 요구한 사실만 간추리는 것이다. 사실은 있었던 일 자체로 고객이 원하는 니즈_Needs이기도 하다. 사실만 간추린다면 불만고객 건은 생각보다 단순해진다.

　Case 6의 프롤로그에 소개된 레스토랑 에피소드를 떠올려 보자. 첫 장면에서 직원이 윤 점장에게 다가와 이렇게 말한다.

　"점장님~ 아침부터 정말 미친 고객이 들어왔어요. 수프를 갖다줬더니 뜨겁다면서 감자 수프를 양송이 수프로 바꿔달래요. 그래서 안 된다고 했더니 저보고 상사 데려오래요."

　이 문장을 생각, 느낌, 사실로 분리해보자. 먼저 문장에 번호를 붙여서 열거한다.

1. 점장님~ 아침부터 정말 미친 고객이 들어왔어요.

2. 수프를 갖다줬더니 뜨겁다면서 감자 수프를 양송이 수프로 바꿔달래요.

3. 그래서 안 된다고 했더니 저보고 상사 데려오래요.

이 세 문장을 문장별로 체크해보면 다음과 같다.

1. 점장님~ 아침부터 정말 미친 고객이 들어왔어요.

1번 문장은 직원의 생각과 느낌, 사실 중에 무엇일까? 감각이나 마음에 대한 표현이 없으므로 느낌은 아니다. 고객이 '미쳤다'는 문구를 얼굴에 써 붙이고 들어온 것도 아닐 테니 사실도 아닐 것이다. 1번 문장은 아침부터 미친 고객이 들어왔다는 직원의 생각이다.

2. 수프를 갖다줬더니 뜨겁다면서 감자 수프를 양송이 수프로 바꿔달래요.

2번은 불만고객의 니즈를 직원이 요약해서 설명한 문장이다. '수프를 갖다줬더니' 이것은 사실이다. 직원이 고객에게 수프를 제공한 것은 사실이기 때문이다. '감자 수프를 양송이 수프로 바꿔달래요.' 이 부분도 마찬가지로 사실일까? 사실, 생각, 느낌을 분리하는 작업을 하다 보면 의외로 2번을 사실로 분류하는 분들이 많다. 불만고객 문의를 처리할 때 바로 이 점을 주의해야 한다. 자신이 직접 확인하지 않은 사항은 처음부터 사실로 단정 짓지 않고 오픈 마인드 상태로 업무처리에 임해야 한다. 즉, '감자 수프를 양송이 수프로 바꿔달래요.'라고 말한 부분은 직원이 고객 니즈를 요약한 문장이므로 직원의 생각으로 분류해야 한다. 그러므로 윤 점장은 이것을 고객과 만나서 다시 확인해야 한다.

3. 그래서 안 된다고 했더니 저보고 상사 데려오래요.

3번 또한 고객의 니즈이긴 하지만 상사를 요청한 것은 사실로 보인다. 그래서 직원이 윤 점장에게 달려왔을 테니 말이다.

이 작업을 하는 가장 큰 이유는 2번과 같은 표현 때문이다. 불만고객 전담팀에서는 쉽게 볼 수 있는 상황이다. 직원들은 보통 불만고객의 언행을 과장해 표현하며 자신의 생각과 느낌을 덧붙인다. 직원은 불만고객을 응대하면서 자신의 진짜 감정과 다른 감정을 표현해야 하는 상황에서 직무 스트레스에 노출되며 감정노동을 느낀다. 사람은 이런 상황에서 '힘들다'는 생각을 하며 '이 상황에서 피하고 싶다' 등 다양한 부정적인 감정을 느낀다. 상황적으로 자신을 보호하기 위해 통상적으로 고객을 더 과격하고 더 힘든 존재로 표현하는 것이다. 이런 이유로 직원이 불만이 큰 고객이라고 했지만, 막상 대면하면 그렇지 않은 경우가 다수 있다. 또한 고객도 불만처리 대상자가 관리자로 변경되며 감정이나 분위기가 환기된 부분도 고려해야 한다.

그럼 이번에는 고객의 말 중에 느낌과 생각을 배제하고 사실만 적어보자. 다음은 고객이 말한 첫 문장이다.

"아침부터 죄송해요. 제가 아이에게 주려고 감자 수프를 시켰는데 첫 숟가락이 좀 뜨거웠나 봐요. 한 숟가락 먹은 뒤로는 식혀서 줘도 아이가 먹지 않아서요. 혹시나 다른 수프는 맛이 어떤지 아이가 맛을 볼 수 있을까 직원분께 여쭤봤어요. 그랬더니 직원분이 언짢은 표정으로 수프 맛을 다 볼 수 없다면서 양송이 수프나 감자 수프는 누구든 맛을 다 알고 있지 않냐는 거예요. 아니, 어떻게 아이가 양송이 수프와 감자 수프의 맛을 구별하나요? 태어나면서부터 두 가지 수프의 맛 구별이 가능한가요?"

문장이 많은 관계로 인사말은 제외하고 네 개의 문장만 나열한다.

1. 제가 아이에게 주려고 감자 수프를 시켰는데 첫 숟가락이 좀 뜨거웠나 봐요.
2. 한 숟가락 먹은 뒤로는 식혀서 줘도 아이가 먹지 않아서요.
3. 혹시나 다른 수프는 맛이 어떤지 아이가 맛을 볼 수 있을까 직원분께 여쭤봤어요.
4. 그랬더니 직원분이 언짢은 표정으로 수프 맛을 다 볼 수 없다면서 양송이 수프나 감자 수프는 누구든 맛을 다 알고 있지 않냐는 거예요.

1번 문장의 '제가 아이에게 주려고 감자 수프를 시켰는데'는 사실이다. '첫 숟가락이 좀 뜨거웠나 봐요.' 이 부분은 아이의 행동을 보고 엄마가 추측한 생각이다.

2번 문장의 '한 숟가락 먹은 뒤로는 식혀서 줘도 아이가 먹지 않아서요.'는 아이가 수프를 먹지 않았다는 사실이다.

3번 문장의 '혹시나 다른 수프는 맛이 어떤지 아이가 맛을 볼 수 있을까 직원분께 여쭤봤어요.'는 표현이 조금 달라졌을 수는 있겠으나 이러한 의도로 직원에게 말했다는 사실로 보겠다.

4번 문장의 '그랬더니 직원분이 언짢은 표정으로'의 '언짢은'이라는 표현에는 고객의 감정이 포함되어 직원의 표정을 언짢게 받아들였다. 이것은 고객의 느낌이다. 다음의 '수프 맛을 다 볼 수 없다면서 양송이 수프나 감자 수프는 누구든 맛을 다 알고 있지 않냐는 거예요.' 이 부분은 직원에게 확인해볼 필요가 있다. 다만, 어떻게 표현했든 직원이 처리 불가하다는 의미를 전달한 듯 보인다. 하지만 여기에서 직원과 고객의 말이 달라진다. 직원은 고객이 수프 교환을 원했다 전달했고, 고객은 수프의 샘플을 원했다고 말한다. 추후 직원 교육이 필요한 부분이다. 고객 니즈를 정확히 파악하지 못했기 때문이다. 이런 이유로 '수프 맛을 다 볼 수 없다면서 양송이 수프나 감자 수프는 누구든 맛을 다 알고 있지 않냐는 거예요.' 이 부분은 고객의 생각으로 일단 보류하고 직원에게 확인 후 사실로 변경할 수 있겠다. 직원이 어떻게 표현했느냐에 따라 고객이 주관적으로 받아들인 가능성을 열어두었다.

고객의 말 중에 사실로 분류 가능한 부분만 굵은 글씨로 표시해보자.

"제가 아이에게 주려고 감자 수프를 시켰는데 한 숟가락 먹은 뒤로는 식혀서 줘도 아이가 먹지 않아서요. 혹시나 다른 수프는 맛이 어떤지 아이가 맛을 볼 수 있을까 직원분께 여쭤봤어요"

불만고객의 니즈_Needs가 한눈에 보이는가? 고객의 말에서 사실만 모아 적으면 고객 요구사항이 더 정확하게 확인되는 것을 볼 수 있다. 이것이 고객의 요구사항이다. 요구사항을 간단하게 정리해보자.

1. 아이를 위해 주문한 감자 수프를 아이가 먹지 않는다.
2. 양송이 수프를 주문하고 싶지만, 아이가 이것도 안 먹을까 걱정된다.
3. 양송이 수프를 주문하기 전에 맛볼 수 있게 조금만 제공해줄 수 있나?
4. 아이가 양송이 수프를 잘 먹으면 주문할 의사가 있다.

여기에 감자 수프가 뜨겁고, 양송이 수프 맛을 아는지 모르는지 등 다른 표현은 사족일 뿐이다. 생각, 느낌, 사실의 분리에 대해 몇 번 실습하다 보면 고객 언어 중 필요한 사실만 듣는 능력이 생긴다. 결국 고객의 니즈는 '아이가 먹지 않으니 먹을 다른 음식이 필요하다' 이다. 다른 음식 종류와 제공하는 방법의 수는 셀 수 없이 많으니 윤 점장은 고객이 제시한 양송이 수프를 조금 제공하는 것 말고도 다른 수많은 대안을 제시할 수 있다.

지금까지 생각, 느낌, 사실에 관해 실행한 실습을 정리하면 18 과 같이 요약할 수 있다.

01. 불만고객과의 대화를 적어본다.

02. 고객의 핵심 문장을 골라 생각, 느낌, 사실로 분리한다.

03. 다른 문장은 삭제하고 사실만으로 문장을 재구성한다.

04. '사실=고객 니즈(Needs)'를 파악한다.

05. 파악된 고객 니즈에 다라 다양한 대안을 강구한다.

03
고객의 불만을 재진술로 요약하라

재진술_restatement은 고객이 말한 내용을 다시 반복해주며 공감과 요약을 함께 하는 상담기법의 가장 기초적인 스킬이다. 다시 반복하며 간략하게 내용정리를 해줌으로써 주제를 부각하고 고객이 주제에 더 주의를 기울이게 한다. 또한, 상담자 자신이 이해한 내용이 올바른지 확인하는 절차도 가질 수 있다. 이러한 재진술은 초면인 고객과 어색한 관계에서 진행해도 무방한 기술이기 때문에 매우 유용하다. 앞서 언급한 '생각과 느낌'의 감정적인 부분을 배제하고 '사실'로 재진술이 이루어지기 때문에 불만고객과의 커뮤니케이션에서 꼭 필요한 기술이다. 고객이 주제를 벗어나지 않고 대화를 이어갈 수 있도록 붙잡아 주는 역할을 한다.

재진술은 고객의 말을 내용과 의미는 반복하면서 유사 단어나 참신한 다른 말로 바꿔주며 요약하는 것이다. 이때 어느 부분에 초점을 맞추어 재진술하느냐에 따라 이어지는 다음 대화가 달라진다. 레스토랑 에피소드로 예를 들어보겠다.

보기 쉽게 번호로 문장을 열거한다.

1. 제가 아이에게 주려고 감자 수프를 시켰는데 첫 숟가락이 뜨거웠나봐요.
2. 한 숟가락 먹은 뒤로는 식혀서 줘도 아이가 먹지 않아서요.

3. 혹시나 다른 수프는 맛이 어떤지 아이가 맛을 볼 수 있을까 직원분께 여쭤 봤어요.

4. 그랬더니 직원분이 언짢은 표정으로 수프 맛을 다 볼 수 없다면서 양송이 수프나 감자 수프는 누구든 맛을 다 알고 있지 않냐는 거예요.

● 1번 문장에 초점을 맞춘 경우 재진술을 해보자.

1. 제가 아이에게 주려고 감자 수프를 시켰는데 첫 숟가락이 뜨거웠나 봐요.

윤 점장 아이가 뜨거워서 음식을 잘 먹지 못했군요.

이것이 꼭 정답은 아니다. 1번 문장에 초점을 맞추어 다양한 표현으로 연습하길 권한다. 고객이 처음에는 미안한 표정을 지었다. 최초 잘못은 아이에게 뜨거운 수프를 시킨 자신이고 그것을 식혀서 먹지 못했음을 언급했다. 그런데, 뒤에서는 아이가 수프를 먹지 않는 것에 중점을 두고 말한다. 고객의 잘못을 재진술을 통해 세련된 표현으로 되돌려주는 방법이다.

● 이번에는 2번 문장에 초점을 맞춰보자.

2. 한 숟가락 먹은 뒤로는 식혀서 줘도 아이가 먹지 않아서요.

윤 점장 감자 수프가 아이 입맛에 맞지 않았나 봅니다.

2번 문장은 아이가 먹지 않은 부분에 초점을 맞춘다. 이 답변은 고객이 말하고자 하는 중점적인 내용에 해당하기 때문에 고객에게 공감의 표현도 동시에 이루어진다고 볼 수 있다. 고객도 아이 입맛에 맞지 않는다며 다른 수프를 요구한다.

● 그렇다면 3번 문장은 어떠한가?

3. 혹시나 다른 수프는 맛이 어떤지 아이가 맛을 볼 수 있을까 직원분께 여쭤 봤어요.

개인적으로는 고객의 여러 문장 중 가장 이해가 어려운 문장이다. 아이가 수프를 안 먹는다면 보통은 스파게티나 스테이크 등 다른 음식으로 유도하는데 이 고객은 수프를 계속해서 고집한다. 이런 결정 안에는 고객의 개인적인 취향이나 고정관념이 내포되어 있을 수 있다. 말하자면, 오전 시간대이고 아이에게 스파게티나 스테이크를 먹이기 전에 부드럽고 따뜻한 죽과 같은 수프를 먹였으면 좋겠다는 엄마의 마음과 같은 개인적인 취향 말이다. 이런 복잡하고 설명하기 어려운 고객의 의견이 내포되어 있지만 다른 대안책도 있음을 고객에게 환기시키는 것도 좋다. '아! 그런 방법도 있었지!'라고 생각을 확장할 수 있도록 유도하는 것이다. 이 문장에 초점을 맞추어 답변을 적어보자.

윤 점장 아이가 먹을 만한 다른 음식이 필요하신 거군요.

이 표현 외에도 다른 음식에 초점을 맞추어 수프 이외의 음식을 추천할 수도 있다. 대화에서 아쉬웠던 부분은 처음에 고객이 수프 제공을 요청했을 때 직원이 부드러운 다른 대체 음식을 추천하지 않았다는 것이다. 수프는 어떤 종류든 뜨겁게 나오니까 더 쉬운 대책을 제시할 수도 있다. 이처럼 직원이 뜨거운 것에 초점을 맞추어 다른 부드러운 음식을 추천했으면 어땠을까 하는 아쉬움이 있다.

● 마지막으로 4번 문장에 초점을 맞추어본다.

4. 그랬더니 직원분이 언짢은 표정으로 수프 맛을 다 볼 수 없다면서 양송이 수프나 감자 수프는 누구든 맛을 다 알고 있지 않냐는 거예요.

윤 점장 직원의 표현이 언짢으셨다면 죄송합니다.

4번 문장은 직원의 불손한 태도에 관한 내용이다. 여기에 초점을 맞춘다면 사과표현을 넣을 수 있다. 고객의 언짢은 마음에 공감하는 내용이다.

이처럼 재진술은 고객의 언어 중 어디에 초점을 맞추느냐에 따라 답변을 선택할 수 있다. 어디에 초점을 두느냐에 따라 이후 대화 내용도 달라진다. 언뜻 보면 고객이 대화를 이어가는 것 같지만 윤 점장이 원하는 방향으로 대화가 진행되도록 유도하는 것이다. 이것이 재진술의 가장 큰 장점이다. 내가 원하는 방향으로 대화를 이끌어가면서 고객의 말에 공감하는 것이다. 또한, 고객의 장황한 내용을 요약함으로써 고객 니즈_Needs를 정확하게 파악하고 있는가에 대한 체크가 가능하다.

워커밸 시대

Part 3

직원 보호를 위해
준비할 것은?

VOC의
중요성

[VOC는 쓸데없는 일?]

퇴근 준비를 마친 정 대리는 윤 대리 자리로 간다.

정 대리   저녁 뭐 먹을까? 피자 어때?

윤 대리   피자 괜찮아! 이것만 하면 나도 끝나!

정 대리   뭔데? 내일 하면 안 되는 거야?

윤 대리   오늘 고객불만이 하나 들어와서 정리해서 VOC 접수하고 가려
          고….

정 대리   (피식 웃으며)

          참 쓸데없는 일 하는구나! 얼른 일어나서 밥 먹으러 가자.

윤 대리   쓸데없기는…. 조금만 기다려! 거의 다 했어.

정 대리   그거 접수한다고 누가 보기나 해? 다 부질없는 짓이야!

          나도 처음에는 VOC 열심히 접수했지. 입사하고 10년이 지났
          는데 그중 변한 게 하나라도 있나? None!

          그냥 쓸데없이 내 노동력의 일부만 소모하는 격이지!

윤 대리   (피식 웃으며)

          뭐야? 적던 거 까먹었잖아. 하하~ 너 고객처럼 말한다.

정 대리   잘됐다. 얼른 나가자!

윤 대리   VOC는 말 그대로 Voice of Customer, 고객의 목소리야. 기업
          의 가장 큰 목적은 이윤추구인데, 보통 고객은 이에 반하는 의

견을 많이 내지. 그러니 VOC를 접수한다고 모든 것을 기업에서 수용하지는 않겠지. 하지만 그중 접수 빈도가 높은 것은 대안책을 모색하겠지. 그런 의미에서 고객접점에서 일하는 우리가 VOC를 접수해서 우리 기업이 고객 의견에 관한 로데이터_Raw-Data를 가질 수 있도록 할 의무가 있는 거야.

정 대리	Oh! God! 설마 그 데이터를 누군가는 읽을 거라고 생각하는 거야? 이렇게 바쁜 기업에서 1분, 1초를 쉴 타이밍을 안 주는데? 그냥 다른 기업도 VOC 접수창구가 있으니까 만들어놓은 거야. 다 부질없다. 결국에는 기업은 목소리 크고 정통부나 청와대에 신고한 고객 의견만 수용하기에도 하루가 모자라! 그런 여유가 있을 거라 생각하는 윤 대리님이 대단하십니다.
윤 대리	그건 고객관계관리_CRM 시절일 때 얘기고 이제 고객경험관리_CEM는 불만고객 의견이 전체 고객의 의견인 것처럼 확대해서 운영하기는 힘들지.
정 대리	No! No! 결국에는 책에 나오는 이론적인 얘기일 뿐이야. 다 필요 없어! 목소리 크고 욕 잘하면서 드러누우면 끝이야!
윤 대리	정 대리님이야말로 언제 적 말씀이신가요? 이제 그러면 처벌받지 않습니까? 그러니 고객 목소리를 모아모아 모아보아요~

정 대리와 윤 대리는 서로 깔깔거리며 피자집으로 향한다.

고객접점_MOT에서 업무 수행하다 보면 VOC_Voice of Customer에 관해 부정적인 시각을 가질 수 있다. 지속해서 같은 사유의 고객불만이 야기되나 적극적으로 변화하는 모습을 보이지 않는 기업을 바라보며 직원들은 현재 상황이 변화되기 어려울 것이라고 단정 지어버린다. 하지만 그렇다고 해서 VOC 접수를 중단해서는 안 된다. 미시적인 측면에서 기업은 당장의 변화를 꾀하지 않는 것 같지만, 거시적인 측면에서는 변화되어 왔다. 그 변화의 속도가 직원들이 느끼는 불만고객에 관한 감정노동의 크기에 비례하지 않을 뿐이다. Case 7에서는 VOC를 상세히 알아보고 우리는 어떤 태도로 VOC를 대할 필요가 있는지 생각해보자.

01
왜 VOC가 필요한가?

앞서 우리는 경영과정의 하나하나에서 고객 의견을 소중히 다루는 고객경험관리_CEM에 관해 알아보았다. 그 예시로 커피전문점의 서비스 청사진을 살펴보기도 했다. 이처럼 고객접점_MOT에서 다양한 고객 니즈_Needs를 확인함으로써 고객 의견을 경영에 반영하는 과정을 우리는 VOC라고한다. 과거에 고객관계관리_CRM 경영전략에서는 목소리가 높고 불량행동을 하는 고객 의견을 반영했다면 고객경험관리_CEM에서는 고객 의견의수용에 관해 열린 마음으로 로데이터를 수집한다. 로데이터를 분석해 가장 비중이 높고 반복적으로 야기되는 불만 내용을 다음 경영전략에 수용하는 것이다.

고객의 소리를 의미하는 VOC_Voice of Customer는 1995년 Berry의 저서인 〈On Great Service_A Framework for Action〉에서 최초로 사용되었다. 그는 고객 의견을 지속적으로 청취하고 그 의견을 바탕으로 서비스 품질을향상할 수 있다고 주장했다. VOC를 수집하는 방법에 관해 고객의 불만_Complaint, 의견_Comment, 문의_Inquiry, 현장보고서_Employee Field Reporting, 고객패널_Customer Advisory Panels 등 다양한 방법을 제시했다_이지현, 2019.

현대에 와서 VOC는 고객의 소리에 귀를 기울여서 고객 니즈를 파악해수용함으로써 고객만족을 추구하는 제도라고 정의된다_권기영, 2012. 다른 연구에서 기업이 이러한 VOC를 도입하는 이유는 고객관계관리_CRM 경영전략의 실패라고도 언급하고 있다_박근석, 2009. 이 두 연구의 VOC에 관한 의견은 앞으로의 경영전략에서 고객의 의견을 어떤 방식으로 접근하고 수용해야 하는지에 관한 방향성을 제시해주고 있다. 그것은 대기업을 운영하거나 작은 커피전문점을 운영하거나 마찬가지일 것이다.

감정노동자 보호법이 시행된 지 얼마 되지 않았지만, 앞으로는 강성으로 자신의 의사를 표명하는 불만고객의 비중은 점점 줄어들 것이다. 과거 불만고객의 의사 표현은 금전적인 보상을 기대할 수 있었지만, 현재는 법적 처벌을 기대할 수 있다. 이는 앞서 언급한 파블로프의 개 실험에서 '강화'를 연결 지어볼 수 있다. 강화 중 정적 강화_positive reinforcement는 칭찬이나 보수와 같은 자극으로 선행 행동을 증가시키는 것을 의미한다. 고객관계관리의 금전적인 보상이 불만고객의 입장에서는 정적 강화였다고 볼수 있다. 이는 불만고객 중 금전적인 보상을 원했던 블랙컨슈머의 행동이 증가 추이를 보인 것을 보면 더 잘 알 수 있을 것이다. 강화의 반대 의미로 '처벌'이 있는데, 정적 처벌_positive punishment은 행동 또는 반응을 하면 그 행동으로 인해 어떤 자극_혐오적인 사건이 더해지고 이 자극이 그 행동의 빈도를 감소시키는 것을 의미한다. 앞으로 불만고객의 불량행동은 법적 처벌을 가할 수 있게 되고, 이와 같은 사건이 현재도 미디어에 노출되고 있다. 이처럼 고객의 불량행동이 법적 처벌이 된 사례는 대중에게 정적 처벌의 효과를 가져올 수 있다.

이러한 사회 변화는 기업의 입장에서는 고객 의견을 들을 수 있는 창구가 더 좁아졌음을 의미한다. 고객은 이익이 되지 않는 한 시간을 들여 개선방안을 말해주지 않는다. 반대로 말하면 이제는 고객의 작은 소리도 귀기울여 들을 수 있는 기업이 되도록 노력해야 한다는 걸 의미하기도 한다. 이것이 현대사회에 고객경험관리_CEM 경영전략이 더 적합한 이유이기도 하다. 이메일이나 건의함을 통해서 짧게 접수되는 VOC를 모으고 고객 의견의 정도와 빈도를 파악해 다음 경영전략에 수용할 필요가 있다.

02
VOC의 운영 프로세스

콜센터나 AS점, 지점 등 통상적으로 고객접점은 고객의 다양한 의견에 노출되어 있다. 이 외에도 고객과의 간담회, 전화, 팩스나 우편, 인터넷, 상급기관, 내부고객의 소리, 외부 모니터링, 고객설문, 접점 직원의 워크숍 등 다양한 채널을 통해서도 수집될 수 있다. VOC는 불만, 문의, 제안, 칭찬을 제기하는 유형으로 나뉠 수 있다. 각각의 유형은 고객의 성향이나 성격, 서비스나 제품의 만족도가 영향을 미친다. 고객은 만족한 서비스에 대해서는 칭찬을 할 것이고, 불만족한 서비스에 대해서는 불만이나 제언을 할 것이다. 서비스 처리 과정 중에는 문의가 진행될 수 있을 것이다.

19 는 VOC의 운영 프로세스에 관한 가전제품 회사의 예시이다_권기영 2012. VOC를 접수, 처리, 사후관리의 세 가지 측면에서 세분화해 운영하고 있다. 접수창구는 앞서 설명한 다양한 채널에서 회사가 선택할 수 있다. 처리 과정은 담당자를 지정하고 VOC의 로데이터를 분석해 처리결과를 경영진에게 공유하고 이에 관한 결과가 나오면 대책을 수립하는 과정이다. 마지막으로 이를 내부적으로 처리하고 전사에 공유함으로써 불만 재발을 방지하고 있다.

이처럼 VOC가 데이터베이스화될 수 있다면 체계적인 분류를 통해 발생 부서와 사안에 따라 회사의 경영회의를 통해 정책에 반영될 수 있다.

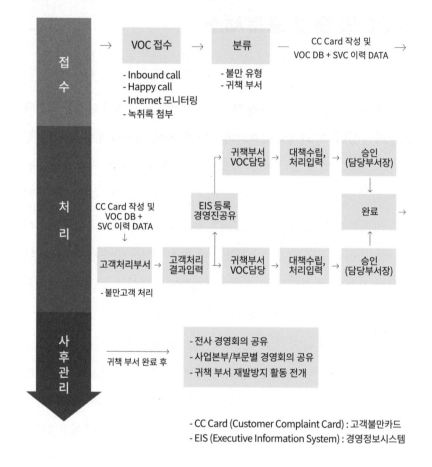

- CC Card (Customer Complaint Card) : 고객불만카드
- EIS (Executive Information System) : 경영정보시스템

출처_VOC에 나타난 불만요인들이 고객만족과 재구매의도에 미치는 영향에 관한 연구, 권기영, 2012

이는 미시적으로는 반복적이고 동일한 불만이 발생하지 않도록 예방하는 의미이며, 거시적으로는 회사 경영전략의 미래에 나아갈 방향을 제시

하는 것이다.

회사별로 기준을 세우고 그 기준에 맞게 VOC를 수합하는 것은 추후에 로데이터를 활용하는 데 도움이 될 수 있다. [20] 에서는 Zeithaml, Berry, Parasuraman[1998]이 개발한 서비스 품질을 위한 SERVQUAL 모형의 고객품질을 평가하는 열 가지 기준을 제시하고자 한다. 각 항목을 검토하고 회사 경영전략에 맞게 함축해서 사용한다면 도움이 될 수 있다. 각요인은 최대 열 가지이나 회사별 업무의 특성에 따라 아홉 가지, 일곱 가지, 다섯 가지 등 편성해서 사용되었다.

구성요소	내용
신뢰성 (reliability)	서비스 수행의 일관성과 확신성을 의미한다. ex)정해진 약속의 이행과 가격, 예정된 서비스 시간의 엄수 등
반응성 (responsiveness)	서비스를 제공하는 직원의 열의와 준비성을 의미한다. ex)신속한 서비스의 제공, 고객 요구에 대한 즉각적인 응답 조치 등
능력 (competence)	서비스를 수행하는 데 필요한 전문 지식과 기술의 소유를 말한다. ex)서비스 제공 직원과 영업지원 요원들의 지식과 기술, 조직의 조사능력 등
접근성 (access)	서비스 조직에 대한 접촉의 용이성과 접근 가능성을 말한다. ex)전화를 이용한 접근, 입지의 편리성 등
예절성 (courtesy)	고객접촉 직원의 친절성이나 정중함, 사려심을 의미한다. ex)종업원의 단정한 용모,고객에 대한 배려 등
의사소통 (communication)	고객이 이해할 수 있는 언어로 응대하고, 고객들에게 귀를 기울여야 함을 의미한다. ex)고객 응대 자세나 서비스 비용에 대한 설명, 대고객 고정처리 보장 등
신용성 (credibility)	서비스의 진실성과 정직성, 신용을 말한다. ex)회사의 사명이나 명성, 종업원의 인성 등이 신용성을 결정짓는다.
안전성 (security)	거래에 따른 위험성이나 의심이 없어야 함을 말한다. ex)육체적,금전적 안전성과 서비스 관련 비밀성 유지 등
고객이해 (understanding the customer)	고객의 요구를 이해하려는 노력을 의미한다. ex)고객의 구체적인 요구에 대한 이해, 개인화된 관심, 단골고객의 확인 등
유형성 (tangibles)	서비스의 물적 증거를 의미한다. ex)물리적 시설, 구성원들의 용모, 서비스 제공에 사용되는 각종 설비, 신용카드 등 서비스의 물적 표현물, 해당 서비스를 이용하는 여타 고객들

출처_VOC를 통한 서비스 개선 방안 연구: A호텔 사례를 중심으로, 이지현, 2019

03
VOC와 서비스 매뉴얼

지금까지 VOC_Voice of Customer의 중요성과 VOC를 운영 프로세스_Operation Process에 어떻게 적용하는지에 관한 예시를 살펴보았다. 결국 반복적으로 발생하는 고객의 소리_VOC에 귀를 기울이고 이를 경영에 반영하여 서비스 매뉴얼을 수정 및 보완하는 작업이 불만고객으로부터 직원을 보호하는 경영의 한 방법인 셈이다. 경찰을 부르거나 불만처리 담당자를 선정하여 불만고객으로부터 직원을 보호하기 위한 매뉴얼이 직접적으로 직원을 보호하는 방법이라면 VOC의 로데이터를 수집하여 불만의 목소리를 줄이는 방법은 간접적으로 직원을 보호하는 방법인 셈이다.

즉 모든 업종에 반영 가능한 표준 서비스 매뉴얼을 작성하고 VOC를 통해 자사에 맞는 고객의 소리를 입히는 방식으로 자사만의 서비스 매뉴얼을 작성할 수 있을 것이다. 결국 VOC와 서비스 매뉴얼 그리고 매뉴얼을 순서도로 작성한 프로세스 맵은 모두 연결되어 있다. 각각의 업무가 분리된 것이 아니라 각각의 업무는 모두 상호보완적이다.

Case 8에서는 불만고객 매뉴얼을 살펴보고 프로세스 맵을 만들면서 VOC 관리를 어떻게 운영 프로세스_Operation Process에 넣는지 살펴보자.

불만고객
응대 매뉴얼

[레스토랑 좌석 배치 에피소드]

윤 대리는 오랜만에 스트레스 해소를 위해 친구들과 뷔페식당에 갔다. 입구에서 친구들을 만난 윤 대리는 반갑게 인사한다.

"서영아! 오랜만이다."

아이가 세 살인 친구는 유모차를 밀며 반갑게 웃었다.

"응! 오랜만이다. 아이 데려왔는데 괜찮지?"

"그럼, 들어가자!"

친구들과 까르르 웃으며 식당으로 들어간다. 결제를 먼저 하고 자리 배치를 받는 식당이라 먼저 계산대 앞에 선다. 무표정한 직원이 몇 명이냐고 묻는다.

"성인 네 명에 미취학 아동 한 명이에요."

그때 짜증 섞인 표정의 한 아주머니가 뛰어와 직원에게 말한다.

"안쪽 자리도 많은데, 굳이 먼 자리로 주시는 건 뭐예요?"

직원은 무표정을 유지한 채 의아해하며 묻는다.

"음식에서 멀다고요?"

그리고는 가만히 있는 직원의 얼굴을 답답하다는 듯 바라보던 아주머니가 먼저 말한다.

"저기 비어 있는 자리는 다 예약석이에요?"

예약석 팻말이 없는 자리도 많건만 직원은 간단히 대답한다.

"네!"

짜증 섞인 표정으로 아주머니가 자리로 돌아간다. 이어 윤 대리의 결제를 처리하며 직원이 좌석을 안내한다.

"다-72번으로 가시면 됩니다."

"네! 감사합니다."

식당에 들어온 일행은 일동 얼굴을 마주 본다. 분명 미취학 아동 한 명이라고 말했고 유모차를 가져온 것을 봤을 텐데, 계단을 올라가야 있는 좌석을 안내한 것이다. 윤 대리는 다시 직원에게 간다.

"저희 유모차를 가져왔는데, 계단이 있는 좌석이네요."

"아! 그러신가요. 나-28번은 괜찮으실까요?"

윤 대리는 괜찮다고 말하고 좌석으로 간다.

만약 이 식당에 좌석 배치 시 활용할 수 있는 매뉴얼이 있다면 이런 일을 겪지 않았을 것이다.

예로 간단히 작성해보자.

● 좌석 배치 매뉴얼_예시

1. 고객에게 인사하며 모든 일행을 살펴본다.

2. 고객 중 유모차나 장애인 등 계단을 이용하기에 불편함이 있을 손님은 계단이 있는 좌석에 배치하지 않는다.

3. 예약석이 없으면 음식과 가까운 순으로 배치한다.

순서는 가1순위-나2순위-다3순위-라4순위-마5순위다.

4. 좌석 배치 후 자리를 찾아가도록 입구에서 방향을 안내한다. 방향은 손과 팔을 들어 안내하며 '나-28번입니다.'와 같이 말한다.

카페나 식당은 말할 것도 없이 모든 기업에는 매뉴얼이 필요하다. 앞의 에피소드에서 윤 대리가 겪은 일은 식당에서 종종 벌어지는 일이다. 매뉴얼은 교육받고 투입되면 어떤 직원이 처리해도 비슷한 수준의 서비스를 제공할 수 있게 한다. Case 8에서는 불만고객 응대를 위해 매뉴얼을 어떻게 작성해야 하는지 살펴보겠다.

01
불만고객 매뉴얼의 필요성

최근 카페나 식당에 가면 직원에게 폭언·폭행을 하지 말라는 '폭언방지 문구'가 기재되어 있다. 고객센터의 ARS에서는 상담사에게 폭언하면 법적인 조치를 한다는 멘트가 나온다. 현재까지 가장 자연스럽게 문화로 정착되고 있는 사전예방조치는 바로 안내문이다. 그러나, 이런 안내문으로만 대응하기에 불만고객 사례는 다양하다. 불만고객 응대는 상당히 가학적인 측면이 있다. SK텔레콤 정문을 벤츠로 들이받은 고객이나 지점에 찾아와 안테나로 자신의 배를 가르던 고객, 쫓아오겠다며 전화 끊고 10분 만에 들이닥쳐 폭행한 사건, 포스코 상무의 라면을 잘못 끓였다고 승무원에게 폭행을 가한 사건 등 일련의 사건은 짧은 시간에 일어나며 직원에게 정신적·신체적으로 치유할 수 없는 트라우마를 만든다.

이런 상황에서 침착하게 판단하고 움직일 수 있는 사람이 몇 명이나 될까? 당황하면 우리의 뇌는 멈춘다. 이러한 이유로 사건 현장에서 빠르게 대처할 수 있는 응대 매뉴얼이 필요하다. 요즘 유치원이나 학교에서는 지진이나 화재 등 재난대비훈련을 한다. 카페, 식당뿐 아니라 기업도 불만 고객에 대한 상황대비훈련과 교육이 필요하다. 매뉴얼이 있어도 직원들이 모른다면 무용지물이기 때문이다. 사전에 모든 직원이 매뉴얼을 숙지하고 상황이 발생하면 순차적으로 행동에 옮길 수 있어야 한다.

먼저 매뉴얼의 정의를 살펴보자.

매뉴얼_manual은 ①업무개선활동의 수행 조직, ②개선활동 관리방법 및 운영규칙, ③기업의 업무수행방법을 한눈에 정의한 업무 프로세스 맵 등이 있다.

쉽게 말해 매뉴얼은 업무에 필요한 모든 내용, 즉 업무수행방법, 필요한 자재 및 자원, 작업순서 등을 기술한 서류다. 그것을 컴퓨터 순서도로 가시화시킨 것이 '프로세스 맵'이다. 프로세스 맵은 Case 1의 서비스 청사진과는 또 다른 내용이다.

고용노동부가 감정노동자 보호법을 시행하며 발표한 '감정노동 종사자 건강보호 핸드북'에는 불만고객 응대를 위한 매뉴얼과 함께 응대에 필요한 '프로세스 맵'이 포함되어 있다. 대면 고객과 비대면 고객으로 상황을 나누어 기재되어 있으므로 한 번씩 살펴보길 권한다.

그러나 고용노동부의 매뉴얼을 그대로 현장에 적용하기에는 다소 무리가 있다는 의견이 있다. 예를 들어, 폭행 대처 방안에 폭력 징후를 감지한 이후 직원이 첫 번째로 '정중하게 중지 요청'하고, 그래도 문제해결되지 않은 경우 '목격자 확인'하고, '책임자 보고 및 주위 직원 도움 요청' 그리고 'CCTV 녹화 중 고지'를 진행한다. 이후에도 해결되지 않으면 경비나 경찰에 신고하는 것으로 표기되어 있다. 불만고객을 응대해본 사람이라면 누구나 알겠지만, 폭력을 행사하는 고객은 대부분 말보다는 행동으로 자신의 의사나 감정을 표현한다. 오자마자 주먹부터 날리는 고객에게 '정중하게 중지 요청'을 하는 것이 의미가 있을까? '책임자 보고 및 주위 직원

도움 요청'에 필요한 시간을 주지 않는다. 폭력은 순간 일어나기 때문에 위험 행동을 감지하자마자 바로 도움을 요청해야 한다. 직원이 몸을 피하고 주위 직원에게 도움을 요청함과 동시에 경찰에 신고하는 등 처리할 수 있는 순서와 범위를 정해놓고 신속하게 할 수 있도록 교육 및 훈련이 되어 있어야 한다.

같은 서비스업종이라 하더라도 조직의 상황이 매장마다 다르다. 인력 현황, 내부구조, 방문고객의 성향 등에 따라 조직에 맞는 매뉴얼과 프로세스 맵을 구축해야 한다. Case 8에서는 매뉴얼과 프로세스 맵을 습득하고 고용노동부 자료와 비교하며 현 조직에 맞는 자료를 구축하길 권한다.

02
불만고객 코드 분류법

2018년 10월 18일 감정노동자 보호법이 시행되면서 사업주는 불만고객의 폭언이나 폭행으로 사원이 받은 정신적·육체적 손해에 대해 법적인 책임이 생겼다. 여기에서 사업주는 대기업에서 작은 카페까지 크고 작은 모든 서비스업종을 포함하며, 서비스업종이 아니라 하더라도 사람을 대하는 모든 직업을 포함한다. 또한, 사업주의 법적 책임은 사원이 정신적·육체적으로 입은 손상의 치료비와 손해배상도 포함된다. 이런 대외적인 변화는 대기업은 물론 작은 식당이나 카페 사장님들까지도 긴장시킨다. 자영업이 전체 인구의 80%를 차지하는 국내 상황에서 감정노동자 보호법은 당연히 소상공인들에게 부담이 될 것이다. 정직원뿐 아니라 알바생까지 모든 인력이 포함되기 때문이다.

이번에는 불만고객을 코드로 분류하고자 한다. 기존의 매뉴얼이 체계화되어 있는 병원의 재난 응대 매뉴얼을 활용해 불만고객 매뉴얼에 접목해보자. 이 책에서 보여주는 매뉴얼은 하나의 예시이다. 현장에 맞게 활용한다면 각 사업장의 매뉴얼 발전에 도움이 될 것이다.

종종 의학 드라마에서 '코드 블루', '코드 레드' 등 컬러 용어를 사용하는 것을 본 적이 있을 것이다. 병원에서는 병원 내부 재난 내용에 따라 코드명을 설정하고 사전에 코드명에 따른 업무지침 매뉴얼을 교육한다. 이는 재난 발생 시 처리 과정에서 소요되는 시간을 단축하고 상세한 내용이 환자에게 공지되지 않음으로 업무 혼선을 최소화하기 위함이다_성균관의대, 2016.

불만고객 매뉴얼과 프로세스 맵이 있다고 가정해보자. 불만고객이 들어왔을 때 고객이 있는 상태에서 '신체 위협형 고객 매뉴얼을 실행하겠습니다.'라고 말할 수 있는가? 병원에서 코드명을 사용하는 이유도 마찬가지다. 환자들이 동요하지 않고 신속하게 내외부적인 처리를 하기 위한 매뉴얼의 명칭인 것이다. 실제로 병원 이외에도 국가재난 상황이나 응급구조 상황에서도 내부적으로 코드명을 사용한다. 불만고객 매뉴얼도 코드명을 사용하면 신속하고 편리하게 진행이 가능할 것이다.

21 병원 재난의 정의 및 분류

Disaster Code	Code Red	Code Blue	Code Yellow	Code Black
내용	병원 원내 재난	병원 원외 재난 (화학 재난)	병원 원외 재난 (생물학적 재난)	원거리 재난 (DMAT 출동)
세부구분	1.화재 2.단수 3.단전 4.침수 5.가스누출 6.미아(유괴) 7.테러위험 8.전산장애	숫자에 따라 구분 1.10-20명 2.20-50명 3.50-100명 4.100명 이상	1.1주일 이내 2.1주일-1개월 3.1개월 이상	DMAT 출동 사례

출처_재난대비 지역병원의 역할, 차원철, 2016

앞서 살펴본 블랙컨슈머의 유형은 업무 방해형, 담당자 괴롭히는 유형, 인격적 모독형, 폭언·욕설형, 협박성 악담형, 실제적인 신체 위협형 이렇게 여섯 가지로 나뉘었다. 블랙컨슈머 유형별로 현재 조직에 미치는 영향을 예측해 코드 분류를 해보자. 병원 재난이나 국가 재난 등 다른 코드명과 혼동할 수 있어 블랙컨슈머 코드는 색상이 없는 무채색으로 설정했다.

코드 화이트_Code White, 코드 그레이_Code Gray, 코드 블랙_Code Black 세 단계로 분류한다. 고객불만 정도에 따라 22 와 같이 코드 화이트는 '평상시 업무', 코드 그레이는 '사내 해결가능 불만고객', 코드 블랙은 '사내해결불가 불만고객'으로 분류한다. 사내에서 해결 가능한지 그렇지 않은지에 따라 매뉴얼 내용이 달라지기 때문이다.

22 불만고객 코드명

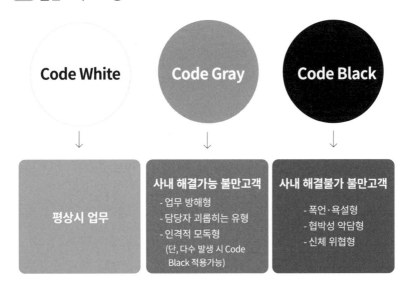

Code White	Code Gray	Code Black
↓	↓	↓
평상시 업무	사내 해결가능 불만고객 - 업무 방해형 - 담당자 괴롭히는 유형 - 인격적 모독형 (단, 다수 발생 시 Code Black 적용가능)	사내 해결불가 불만고객 - 폭언·욕설형 - 협박성 악담형 - 신체 위협형

코드 그레이는 상사나 동료에게 도움을 청하는 사내 조직도에 따른 기준으로 작성하며, 코드 블랙은 경찰이나 119, 경비원 등 사외의 인력 투입이 필요한 상황으로 작성한다.

블랙컨슈머 유형 여섯 가지 중 코드 그레이는 업무 방해형, 담당자 괴롭히는 유형, 인격적 모독형으로 구분했다. 각 유형에 관한 고객 예시는 08 을 참고하자. 또한, 코드 블랙에는 폭언·욕설형, 협박성 악담형, 신체 위협형을 포함시켰다. 다만, 코드 그레이에 포함된 유형 중 횟수가 다수 발생한다면 코드 블랙으로 업그레이드 가능하다. 업무 방해형 고객이 영업장에 처음 방문했거나 두 번째 방문이라면 코드 그레이를 적용한다. 하지만 네 번 이상이라면 악의적인 측면이 농후하다고 생각할 수 있다. 경찰을 대동하고 고객을 응대하는 것이 추후 문제 발생을 줄일 수 있다고 판단해 코드 블랙을 적용한다.

지금까지 매뉴얼을 코드명으로 분류하는 방법을 알아보았다. 이렇게 컬러로 코드명을 정해도 되고 매뉴얼에 번호를 붙여서 사용해도 무방하다. 1번 매뉴얼은 평상시 업무, 2번 매뉴얼은 사내 해결가능 불만고객, 3번 매뉴얼은 사내 해결불가 불만고객과 같이 사용하는 명칭이 크게 의미 있는 것은 아니다. 이 책의 예시를 각 자영업장과 기업에 맞게 변형시켜 사용할 것을 다시 한번 강조하는 바이다.

유형	특징
업무 방해형	영업장에서 고성과 난동, 팩스와 전화 등으로 끊임없이 불만 제기, 매일 같은 시간에 지속적으로 방문해 같은 민원 반복 등
담당자 괴롭히는 유형	'잘못 없어도 기분 안 좋으니 무릎 꿇고 빌어라', 반복적으로 전화해 '사과해라' 지시, '몇 시 몇 분에 전화해라'… 새벽까지 휴대폰으로 문자와 전화 계속
인격적 모독형	'능력도 없으면서 밥만 축낸다', '수준도 안 되면서', '그러니까 니가 이런 일을 하는 거다' 등
폭언 · 욕설형	'눈알을' 등 입에 담을 수 없는 폭언, 욕설과 성희롱
협박성 악담형	'집주소 아는 거 금방이다', '밤길 조심해라' 등, 때로는 '아이들을 가만두지 않겠다' 등
실제적인 신체 위협형	면담 시 폭행, 빰과 뒤통수 등 때리기, 서류 내던지기, 사무실 난입 등

03
매뉴얼 작성_Code Black

　이번에는 각 코드명에 따른 상세 매뉴얼을 작성해보겠다. 먼저, 매뉴얼의 예시로 고품격의 서비스를 자랑하는 호텔 서비스의 표준 매뉴얼 사례를 살펴보자. ⟨23⟩은 객실 출입 요령의 한 부분이다.

　위와 같은 매뉴얼은 '한 번', '5초', '1/3', '다시 한 번' 등 구체적인 수치로 매뉴얼을 객관화한다는 장점이 있다. 이와 같이 구체적인 표현과 수치로 매뉴얼을 작성한다면 사원의 교육시간 단축 및 서비스의 표준화에 기여할 수 있다. 매뉴얼 작성 시 주의법을 요약하면 다음과 같다.

⟨23⟩ 서비스 표준 매뉴얼 사례

METHOD	STANDARD	YES	NO	COMMENT
	1. 벨을 한 번 누른 후 부서를 밝힌다. 2. 5초 내에 대답이 없을 경우, 벨을 한 번 더 누르고, 만약 여전히 대답이 없다면 문을 천천히 1/3 가량 연다. 이때 방에 들어서지 않는다. 방문을 노크하고 부서를 다시 한 번 밝힌다. 3. 방문 목적을 정확히 밝히고 들어가도 좋을지 허락을 받는다. 4. 일을 마칠 때는 손님이 만족하시는지 여부를 확인하고, 더 도와드릴 것이 없는지 묻는다. 5. 인사말을 전한 다음 조용히 문을 닫으면서 고객을 응시하며 뒷걸음으로 물러 나온다.			

출처_호텔 감정노동을 고려한 호텔서비스 매뉴얼 연구, 김혁수, 2019

● 매뉴얼 작성 주의법

01. 매뉴얼만 보고 이해가 가능하도록 어려운 단어는 지양한다.

02. 사람마다 해석이 다른 추상적인 단어는 사용하지 않는다.

03. 되도록 간결하게 작성한다.

04. 수치로 적을 수 있는 것은 수치화한다.

05. 프로세스 맵으로 그릴 것을 고려하며 적는다.

지금부터 불만고객 코드에 따른 매뉴얼을 작성해보자. 먼저 불만고객을 분류하는 상세기준을 매뉴얼에 기재해야 한다. 고객 상세 분류기준에는 상세한 업무내용도 기재한다. 예를 들어, 은행의 경우 '매일 천 원을 가져와서 입금요청하는 고객'을 어디로 분류해야 할까? 업무 방해 유형에 '반복적인 업무를 상습적으로 요구하는 고객' 등 내부회의를 통해 상세히 기재한다. 이때 추상적 표현은 개인마다 다르게 해석할 수 있기 때문에 구체적으로 기재하는 것이 중요하다. 상세기준이 계속 업데이트되면 매뉴얼의 업그레이드도 동시에 가능하다. 23 내용에 추가하면서 업그레이드한다.

다음은 불만고객 유형의 상세내용 예시이다.

● 불만고객 유형

1. 업무 방해형 : 영업장서 고성과 난동, 전화나 팩스 등으로 끊임없는 불만 제기, 매일 같은 시간에 지속적인 방문으로 같은 민원 반복하는 고객

단, 욕설 포함되면 폭언·욕설형으로 업그레이드

2. 담당자 괴롭히는 유형 : 담당자에게 반복적인 지시 및 무리한 요구, 시간에 관계없이 연락해 괴롭히는 고객

3. 인격적 모독형 : 인격적인 모독 표현을 사용하는 고객

단, 욕설 포함되면 폭언·욕설형으로 업그레이드

4. 폭언·욕설형 : 욕설과 폭언, 성희롱을 표현하는 고객

감정노동자 보호법에 해당되므로 증거자료 수집 및 고객에게 통보

5. 협박성 악담형 : '가만두지 않겠다' 등 협박 유형

감정노동자 보호법에 해당되므로 증거자료 수집 및 고객에게 통보

6. 실제적인 신체 위협형 : 폭행, 서류 내던지기, 사무실 난입 등

감정노동자 보호법에 해당되므로 증거자료 수집 및 고객에게 통보

이번에는 고객 유형에 따른 코드명을 작성한다. 코드명은 앞에서 코드 화이트_Code White, 코드 그레이_Code Gray, 코드 블랙_Code Black으로 나누었다. 22 를 참고하자. 불만고객 유형과 코드명도 분류되었다면 이번에는 코드명 발령 방법에 대한 매뉴얼을 상세히 작성해보자. 이때 매뉴얼 작성 주의법을 인지하며 적는다. 먼저 대면 영업장의 대면 업무에 대한 코드 블랙 매뉴얼 예시이다.

● 코드명 발령 방법 코드 블랙_Code Black/대면 영업장의 대면 업무

1. 응대하며 코드 블랙_Code Black이 확인되면 1분 내로 코드명 발령한다.

코드명 발령법은 영업장 시스템에 맞게 결정한다.

(ex. 레스토랑은 이어마이크로 코드 블랙이라고 명명해 전 직원에게 알린다, AS점은 PC 메모로

전체공지한다 등)

2. 담당자는 경찰 신고와 동시에 해당 직원을 보호하도록 다른 직원을 보낸다.

통상적으로 불만고객 전담팀이 진행하나 전담팀이 없을 경우 경찰 신고와 직원보호 업무에 관

해 미리 업무 분장한다. 비상시에는 가장 순위가 높은 직원(1순위)이 신고하며 신속한 처리를 위

해 신고 직원과 직원을 도와주러 가는 직원은 분리한다.

3. 언행 중단을 요청하며 감정노동자 보호법에 적용됨을 고지한다.

영업장의 설비에 따라 녹취나 CCTV에 녹화됨을 고지한다.

(ex. 설비가 없는 경우 휴대폰 녹취 등 개인 장비 활용)

4. 상담실로 장소를 옮기도록 설득한다.

5. 경찰이 도착하면 함께 상담한다.

6. 계속해서 폭언·폭행하는 경우, 경찰서로 대동해 경위서를 작성한다.

경위서 작성 시 고객이 매장에서 다시 난동을 부릴 시 법적 조치사항을 알리고 서명하게 한다.

7. 상담 종료 후 담당자에게 휴식시간 30분 부여한다.

8. 사법 조치에 관해 법무팀에 의뢰한다.

9. CCTV, 증인 등 증거자료를 확보해 경찰에 제출한다.

10. 사법처리 여부를 결정한다.

사법처리 상황에 따라 법무팀과 조율한다.

11. 고객불만 내용을 사실에 입각해 VOC를 작성한다.

사실에 입각해 작성한다_생각+느낌+사실 실습 참고. 법무팀의 답변을 첨부한다.

12. 블랙리스트로 추가 시 불만고객 전담팀에서 결정한다.

13. 불만고객 전담팀은 보고서를 작성한다.

14. 접수한 VOC에 관해 본사 피드백이 오면 전체공지 후 직원을 교육한다.

□ 각 번호에서 고객이 중단하고 수긍하는 경우 코드명을 종료하고 7번부터 진행한다.

상세설명을 생략하고 매뉴얼만 간단히 표기하면 다음과 같다.

● 코드명 발령 방법 코드 블랙_Code Black/대면 영업장의 대면 업무

1. 응대하며 코드 블랙_Code Black이 확인되면 1분 내로 코드명 발령한다.

2. 담당자는 경찰 신고와 동시에 해당 직원을 보호하도록 다른 직원을 보낸다.

3. 언행 중단을 요청하며 감정노동자 보호법에 적용됨을 고지한다.

4. 상담실로 장소를 옮기도록 설득한다.

5. 경찰이 도착하면 함께 상담한다.

6. 계속해서 폭언·폭행하는 경우, 경찰서로 대동해 경위서를 작성한다.

7. 상담 종료 후 담당자에게 휴식시간 30분 부여한다.

8. 사법 조치에 관해 법무팀에 의뢰한다.

9. CCTV, 증인 등 증거자료를 확보해 경찰에 제출한다.

10. 사법처리 여부를 결정한다.

11. 고객불만 내용을 사실에 입각해 VOC를 작성한다.

12. 블랙리스트로 추가 시 불만고객 전담팀에서 결정한다.

13. 불만고객 전담팀은 보고서를 작성한다.

14. 접수한 VOC에 관해 본사 피드백이 오면 전체공지 후 직원을 교육한다.

□ 각 번호에서 고객이 중단하고 수긍하는 경우 코드명을 종료하고 7번부터 진행한다.

코드명 발령 방법에 코드 블랙Code Black/대면 영업장의 대면 업무에 대한 매뉴얼 예시다. 휴식시간은 고용노동부에서는 10분 이상으로 권장하고 있다. 하지만 앞에서 언급했듯이 인간의 분노는 최소 30분 이상 지나야 진정된다. 코드명에 따라 적정한 휴게시간을 매뉴얼에 기재하길 권한다. 이 매뉴얼을 참고로 전반적인 매뉴얼은 영업장에 맞게 수정한다.

또한, 내용증명 발송, 불만고객 훈계 처리 정도의 선에서 끝나는 경우가 대부분이기 때문에 고용노동부의 매뉴얼에 나온 것과 같이 사법처리 여부 결정에 관해 법무팀에 이관하는 내용은 기재하지 않았다. 경찰서에서 경위서를 작성할 정도가 되기 전 대부분의 고객은 사태의 심각성을 수용한다. 고용노동부의 매뉴얼과 특히 다른 점은 경찰서에서 나온 직후 법무팀에 의뢰하는 것이다. 증거자료 제출 등 법적인 처리가 진행되기 전에 불만고객 전담팀은 법무팀의 의견을 듣는 것이 일반적인 업무처리 프로세스이다. 코드 블랙_Code Black 사건은 그리 흔하지 않으며 회사나 고객 개인의 입장에서 사태의 심각성이 높기 때문이다. 이처럼 코드 블랙_Code Black 은 법무팀의 의견을 듣고 이후의 일을 진행하는 것을 권한다.

● 코드명 발령 방법 코드 블랙_Code Black/대면 영업장의 비대면 업무

1. 응대하며 코드 블랙_Code Black이 확인되면 1분 내로 코드명 발령한다.

코드명 발령법은 영업장 시스템에 맞게 결정한다.

(ex. 레스토랑은 이어마이크로 코드 블랙이라고 명명해 전 직원에게 알린다, AS점은 PC 메모로

전체공지한다 등)

2. 불만고객 전담팀은 해당 직원과 고객과의 상담을 예의주시한다.

내부 규정에 따라 전 직원에게 고객의 내용을 미리 공지해 방문할 경우를 대비한다.

3. 폭언 중단을 요청하며 감정노동자 보호법에 적용됨을 고지한다.

영업장의 설비에 따라 녹취나 CCTV에 녹화되거나 전화 녹취됨을 고지한다.

4. 중단하지 않을 경우 전화를 먼저 종료함을 고지한다.

영업장의 상황에 따라 ARS로 재연결됨 등을 고지한다.

5. 계속해서 폭언하는 경우 선종료한다.

재인입되거나 방문 시 어떻게 처리할지 미리 정해둔다.

(ex. 불만고객 전담팀은 OB_OutBound를 진행해 계속해서 전화하거나 방문해 난동을 부릴 경

우 내용증명 발송이나 신고 등 법적조치를 취할 수 있음을 고지한다 등)

6. 선종료 후 재인입이나 방문을 고려해 고객 Case를 간단히 정리해 전 직원에게 공지한다.

고객 이력에 코드 블랙을 명명하고 간단히 내용 정리하여, 방문을 고려해 미리 경찰서에 고객

Case를 공유하는 등 내부 프로세스를 정해둔다.

7. 고객의 방문을 고려해 사전에 경찰서에 업무협조 요청을 해둔다.

8. 불만고객 전담팀이 고객에게 연락한다.

계속해서 난동을 부릴 경우 내용증명 발송 또는 경찰 신고가 들어갈 수 있으며 센터는 직원의 정신적, 신체적 피해보상 과정을 도울 의무가 있음을 고지한다.

9. 상담 종료 후 담당자에게 휴식시간 30분 부여한다.

10. 사법처리 여부를 결정한다.

사법처리 상황에 따라 법무팀과 조율한다.

11. 녹취 및 증거자료를 확보해둔다.

12. 고객불만 내용을 사실에 입각해 VOC를 작성한다.

사실에 입각해 작성한다_생각+느낌+사실 실습 참고. 법무팀의 답변을 첨부한다.

13. 블랙리스트로 추가할지 불만고객 전담팀에서 결정한다.

14. 불만고객 전담팀은 보고서를 작성한다.

15. VOC 결과에 본사 피드백이 오면 전체공지 후 직원을 교육한다.

□ 각 번호에서 고객이 중단하고 수긍하는 경우 코드명을 종료하고 9번부터 진행한다.

다시 한번 강조하지만 메뉴얼은 구체적이면서 간단명료하고 정확한 의미전달이 가능하도록 기재해야 한다. 그리고 이 책에서 제공하는 매뉴얼은 하나의 예시일 뿐이다. 영업장의 정책과 업무 특성에 맞게 담당자가 조율하는 것이 좋다. 다만 큰 기본틀은 감정노동자 보호법에 의거해 직원을 진상 고객으로부터 보호하는 것이라는 목적만 고려하면 된다.

상세설명을 생략하고 매뉴얼만 간단히 표기하면 다음과 같다.

● 코드명 발령 방법 코드 블랙_Code Black/대면 영업장의 비대면 업무

1. 응대하며 코드 블랙_Code Black이 확인되면 1분 내로 코드명 발령한다.

2. 불만고객 전담팀은 해당 직원과 고객과의 상담을 예의주시한다.

3. 폭언 중단을 요청하며 감정노동자 보호법에 적용됨을 고지한다.

4. 중단하지 않을 경우 전화를 먼저 종료함을 고지한다.

5. 계속해서 폭언하는 경우 선종료한다.

6. 선종료 후 재인입이나 방문을 고려해 고객 Case를 간단히 정리해 전 직원에 게 공지한다.

7. 고객의 방문을 고려해 사전에 경찰서에 업무협조 요청을 해둔다.

8. 불만고객 전담팀이 고객에게 연락한다.

9. 상담 종료 후 담당자에게 휴식시간 30분 부여한다.

10. 사법처리 여부를 결정한다.

11. 녹취 및 증거자료를 확보해둔다.

12. 고객불만 내용을 사실에 입각해 VOC를 작성한다.

13. 블랙리스트로 추가할지 불만고객 전담팀에서 결정한다.

14. 불만고객 전담팀은 보고서를 작성한다.

15. VOC 결과에 본사 피드백이 오면 전체공지 후 직원을 교육한다.

□ 각 번호에서 고객이 중단하고 수긍하는 경우 코드명을 종료하고 9번부터 진행한다.

보통 고객센터는 모두 비대면 업무라고 간주한다. 하지만 내방하는 고 객이 간혹 있고 이런 이유로 보통은 불만고객 전담팀이 별도로 대면 업

무를 진행한다. 이처럼 비대면 업무를 주로 하지만 대면 업무도 있을 경우 이를 분리해서 매뉴얼을 작성한다. 불만고객 전담팀의 코드 블랙_Code Black 매뉴얼을 작성해보자.

코드명 발령 방법 중 별색●으로 표시된 것이 대면 영업장의 대면 업무와 다른 부분이다. 대면 영업장의 대면 업무의 코드 블랙_Code Black과 비대면 영업장의 대면 업무의 코드 블랙_Code Black의 차이점이 확인되는가? 비대면 영업장의 경우 코드 블랙을 발령하고 고객을 만난다. 대면 영업장의 코드 블랙은 언제 일어날지 알 수 없는 경우가 더 많다. 그렇다면 비대면 영업장의 대면 업무는 항상 코드명을 미리 발령할 수 있을까? 항상 미리 알 수 있는 것은 아니다. 급작스럽게 난입해 폭언·폭행하는 고객이 있으므로 비대면 영업장은 대면 업무 매뉴얼을 코드 발령이 미리 가능한 경우와 그렇지 않은 경우로 나누어 작성해야 한다. 이런 식으로 발생될 수 있는 상황을 분류하고 상황에 따른 매뉴얼을 작성하면 된다.

● **코드명 발령 방법** 코드 블랙_Code Black/비대면 영업장의 대면 업무

1. 비대면 영업장이나 고객이 코드 블랙 유형으로 대면을 약속한 경우 미리 영업장에 코드 블랙을 발령한다.

   불만고객 전담팀에 공지하고 경찰서에 업무협조를 요청한다.

2. 경찰을 다른 장소에서 먼저 만나 고객 약속 장소로 이동한다. 고객을 먼저 만나 경찰을 기다리는 일이 없도록 한다.

   되도록 CCTV 설치 구역에서 만나고 힘들면 휴대폰 녹취를 시작한 뒤 만나러 이동한다.

3. 언행 중단을 요청하며 감정노동자 보호법에 적용됨을 고지한다.

영업장의 설비에 따라 녹취되거나 CCTV에 녹화됨을 고지한다.

(ex. 설비가 없는 경우 휴대폰 녹취 등 개인 장비 활용)

4. 상담실로 장소를 옮기도록 설득한다.

밖에서 대화가 종료될 수 있는 경우 굳이 장소를 옮기지 않아도 무방하다.

5. 계속해서 폭언·폭행하는 경우, 경찰서로 이동해 경위서를 작성한다.

경위서 작성 시 고객이 매장에서 다시 난동을 부릴 시 법적 조치사항을 알리고 서명하게 한다.

6. 상담 종료 후 담당자에게 휴식시간 30분 부여한다.

7. 사법 조치에 관해 법무팀에 의뢰한다.

8. CCTV, 증인 등 증거자료를 확보해 경찰에 제출한다.

9. 사법처리 여부를 결정한다.

사법처리 상황에 따라 법무팀과 조율한다.

10. 고객불만 내용을 사실에 입각해 VOC를 작성한다.

사실에 입각해 작성한다_생각+느낌+사실 실습 참고. 법무팀의 답변을 첨부한다.

11. 블랙리스트 추가 시 불만고객 전담팀에서 결정한다.

12. 불만고객 전담팀은 보고서를 작성한다.

13. VOC 결과에 본사 피드백이 오면 전체공지 후 직원을 교육한다.

□ 각 번호에서 고객이 폭언·폭행을 중단한 경우 코드명을 종료하고 6번부터 진행한다.

상세설명을 생략하고 매뉴얼만 간단히 표기하면 다음과 같다.

● **코드명 발령 방법** 코드 블랙_Code Black/비대면 영업장의 대면 업무

1. 비대면 영업장이나 고객이 코드 블랙 유형으로 대면을 약속한 경우 미리 영업장에 코드 블랙을 발령한다.

2. 경찰을 다른 장소에서 먼저 만나 고객 약속 장소로 이동한다. 고객을 먼저 만나 경찰을 기다리는 일이 없도록 한다.

3. 언행 중단을 요청하며 감정노동자 보호법에 적용됨을 고지한다.

4. 상담실로 장소를 옮기도록 설득한다.

5. 계속해서 폭언·폭행하는 경우, 경찰서로 이동해 경위서를 작성한다.

6. 상담 종료 후 담당자에게 휴식시간 30분 부여한다.

7. 사법 조치에 관해 법무팀에 의뢰한다.

8. CCTV, 증인 등 증거자료를 확보해 경찰에 제출한다.

9. 사법처리 여부를 결정한다.

10. 고객불만 내용을 사실에 입각해 VOC를 작성한다.

11. 블랙리스트 추가 시 불만고객 전담팀에서 결정한다.

12. 불만고객 전담팀은 보고서를 작성한다.

13. VOC 결과에 본사 피드백이 오면 전체공지 후 직원을 교육한다.

□ 각 번호에서 고객이 폭언·폭행을 중단한 경우 코드명을 종료하고 6번부터 진행한다.

다음은 비대면 영업장의 비대면 업무에 관한 코드 블랙_Code Black 매뉴얼이다. 비대면 영업장의 특성은 대부분 전화상으로 업무가 종료된다는 점이다. 블랙리스트의 고객도 불만의 강성 정도와 횟수에 차이가 있을 뿐

대체적으로 전화상으로만 불만을 제기한다. 그러나 대면 업무보다 시간이나 횟수가 잦아지면서 감정노동의 수준은 오히려 상승하게 될 수 있다. 이런 면에서 비대면 영업장의 비대면 업무에 관해서는 블랙컨슈머 리스트를 작성할 때 불만제기의 강성 정도뿐 아니라 횟수도 적용할 필요가 있다.

● 코드명 발령 방법 코드 블랙_Code Black/비대면 영업장의 비대면 업무

1. 응대하며 코드 블랙_Code Black이 확인되면 1분 내로 코드명 발령한다.

   코드명 발령법은 영업장 시스템에 맞게 결정한다.

   (ex. 고객센터는 담당 팀장과 불만고객 전담팀에 PC 메모로 공지한다 등)

2. 불만고객 전담팀은 해당 직원과 고객과의 상담을 예의주시한다.

   고객센터의 경우 해당 팀장이 상담을 모니터링하는 등 영업장의 프로세스에 맞게 진행한다.

3. 폭언 중단을 요청하며 감정노동자 보호법에 적용됨을 고지한다.

   영업장의 설비에 따라 녹취나 CCTV에 녹화되거나 전화 녹취됨을 고지한다.

4. 중단하지 않을 경우 전화를 먼저 종료함을 고지한다.

   영업장의 상황에 따라 ARS로 재연결됨 등을 고지한다.

5. 계속해서 폭언하는 경우 선종료한다.

   재인입되면 이후 어떻게 처리할지 미리 정해두어야 한다.

   (ex. 불만고객 전담팀은 OB_OutBound를 진행해 계속해서 난동을 부릴 경우 내용증명 발송이

   진행됨을 고지한다 등)

6. 선종료 후 재인입을 고려해 고객 번호에 메모하고 전 직원에게 공지한다.

   메모로 코드 블랙을 명명하고 간단히 내용 정리해 누가 공지할지 미리 정한다.

7. 불만고객 전담팀이 고객에게 연락한다.

계속해서 난동을 부릴 경우 내용증명 발송 또는 경찰 신고가 들어갈 수 있으며 센터는 직원의 정

신적, 신체적 피해보상 과정을 도울 의무가 있음을 고지한다.

8. 상담 종료 후 담당자에게 휴식시간 30분 부여한다.

9. 사법처리 여부를 결정한다.

사법처리 상황에 따라 법무팀과 조율한다.

10. 녹취 및 증거자료를 확보해둔다.

11. 고객불만 내용을 사실에 입각해 VOC를 작성한다.

사실에 입각해 작성한다_생각+느낌+사실 실습 참고. 법무팀의 답변을 첨부한다.

12. 블랙리스트로 추가할지 불만고객 전담팀에서 결정한다.

13. 불만고객 전담팀은 보고서를 작성한다.

14. VOC 결과에 본사 피드백이 오면 전체공지 후 직원을 교육한다.

☐ 각 번호에서 고객이 중단하고 수긍하는 경우 코드명을 종료하고 8번부터 진행한다.

마찬가지로 상세설명을 생략하고 매뉴얼만 표기하면 다음과 같다.

● 코드명 발령 방법 코드 블랙_Code Black/비대면 영업장의 비대면 업무

1. 응대하며 코드 블랙_Code Black이 확인되면 1분 내로 코드명 발령한다.

2. 불만고객 전담팀은 해당 직원과 고객과의 상담을 예의주시한다.

3. 폭언 중단을 요청하며 감정노동자 보호법에 적용됨을 고지한다.

4. 중단하지 않을 경우 전화를 먼저 종료함을 고지한다.

5. 계속해서 폭언하는 경우 선종료한다.

6. 선종료 후 재인입을 고려해 고객 번호에 메모하고 전 직원에게 공지한다.

7. 불만고객 전담팀이 고객에게 연락한다.

8. 상담 종료 후 담당자에게 휴식시간 30분 부여한다.

9. 사법처리 여부를 결정한다.

10. 녹취 및 증거자료를 확보해둔다.

11. 고객불만 내용을 사실에 입각해 VOC를 작성한다.

12. 블랙리스트로 추가할지 불만고객 전담팀에서 결정한다.

13. 불만고객 전담팀은 보고서를 작성한다.

14. VOC 결과에 본사 피드백이 오면 전체공지 후 직원을 교육한다.

☐ 각 번호에서 고객이 중단하고 수긍하는 경우 코드명을 종료하고 8번부터 진행한다.

　지금까지 코드 블랙_Code Black의 모든 상황에 관해 매뉴얼을 작성해보았다. 각 영업장에 맞게 매뉴얼을 수정보완해 모든 영업장에 도움이 되며 모든 직원이 보호될 수 있기를 희망한다.

03
매뉴얼 작성_Code Gray

앞서 코드 그레이_Code Gray는 사내 해결가능한 불만고객으로 정했다. 업무 방해형, 담당자 괴롭히는 유형 그리고 인격적 모독형이었으며 반복해서 같은 불만을 제기할 경우 코드 블랙_Code Black으로 업그레이드가 가능하다. 지금부터는 코드 그레이_Code Gray 매뉴얼 예시를 살펴보겠다.

먼저, 대면 영업장의 대면 업무에 대한 코드 그레이_Code Gray 매뉴얼을 작성해보자.

● 코드명 발령 방법 코드 그레이_Code Gray/대면 영업장의 대면 업무

1. 응대하며 코드 그레이_Code Gray가 확인되면 1분 내로 코드명 발령한다.

코드명 발령법은 영업장 시스템에 맞게 결정한다.

(ex. 레스토랑은 이어마이크로 코드 그레이라고 명명해 담당직원에게 알린다, AS점은 PC 메모로 담당자에게 공지한다 등)

2. 불만고객 전담팀은 해당 직원과 고객과의 상담을 예의주시한다.

내부 규정에 따라 10분 이상 지연 시 담당자 투입, 15분 이상 지연 시 고객상담실로 이동 등 시간과 장소 기준을 정해놓는 것이 편리하다.

3. 언행 중단을 요청하며 감정노동자 보호법에 적용됨을 고지한다.

영업장의 설비에 따라 녹취나 CCTV에 녹화됨을 고지한다.

(ex. 설비가 없는 경우 휴대폰 녹취와 같은 개인 장비 활용)

4. 상담실로 장소를 옮기도록 설득한다.

5. 불만고객 전담팀이 합류해서 함께 상담한다.

6. 계속해서 폭언하는 경우, 코드 블랙으로 업그레이드한다.

코드 블랙으로 업그레이드된 이후에는 코드 블랙의 매뉴얼에 따른다.

7. 상담 종료 후 담당자에게 휴식시간 30분 부여한다.

8. 사법 조치에 관해 법무팀에 의뢰한다.

9. CCTV, 증인 등 증거자료를 확보해둔다.

10. 고객불만 내용을 사실에 입각해 VOC를 작성한다.

사실에 입각해 작성한다_생각+느낌+사실 실습 참고. 법무팀의 답변을 첨부한다.

11. 블랙리스트로 추가 시 불만고객 전담팀에서 결정한다.

12. 불만고객 전담팀은 보고서를 작성한다.

13. 접수한 VOC에 관해 본사 피드백이 오면 전체공지 후 직원을 교육한다.

□ 각 번호에서 고객이 중단하고 수긍하는 경우 코드명을 종료하고 7번부터 진행한다.

상세설명을 생략하고 매뉴얼만 간단히 표기하면 다음과 같다.

● 코드명 발령 방법 코드 그레이_Code Gray/대면 영업장의 대면 업무

1. 응대하며 코드 그레이_Code Gray가 확인되면 1분 내로 코드명 발령한다.

2. 불만고객 전담팀은 해당 직원과 고객과의 상담을 예의주시한다.

3. 언행 중단을 요청하며 감정노동자 보호법에 적용됨을 고지한다.

4. 상담실로 장소를 옮기도록 설득한다.

5. 불만고객 전담팀이 합류해서 함께 상담한다.

6. 계속해서 폭언하는 경우, 코드 블랙으로 업그레이드한다.

7. 상담 종료 후 담당자에게 휴식시간 30분 부여한다.

8. 사법 조치에 관해 법무팀에 의뢰한다.

9. CCTV, 증인 등 증거자료를 확보해둔다.

10. 고객불만 내용을 사실에 입각해 VOC를 작성한다.

11. 블랙리스트로 추가 시 불만고객 전담팀에서 결정한다.

12. 불만고객 전담팀은 보고서를 작성한다.

13. 접수한 VOC에 관해 본사 피드백이 오면 전체공지 후 직원을 교육한다.

□ 각 번호에서 고객이 중단하고 수긍하는 경우 코드명을 종료하고 7번부터 진행한다.

다음은 대면 영업장의 비대면 업무에 관한 코드 그레이_Code Gray 매뉴얼이다. 대면 영업장의 비대면 업무의 매뉴얼 작성 시 고려해야 할 점은 고객이 전화 선종료 이후 방문할 수 있다는 점이다. 방문할 시 상황을 사전에 대비해 직원 보호 의무를 다하도록 프로세스를 정해야 할 것이다.

● 코드명 발령 방법 코드 그레이_Code Gray/대면 영업장의 비대면 업무

1. 응대하며 코드 그레이_Code Gray가 확인되면 1분 내로 코드명 발령한다.

코드명 발령법은 영업장 시스템에 맞게 결정한다.

(ex. 레스토랑은 이어마이크로 코드 그레이라고 명명해 담당직원에게 알린다, AS점은 PC 메모로 담당자에게 공지한다 등)

2. 불만고객 전담팀은 해당 직원과 고객과의 상담을 예의주시한다.

내부 규정에 따라 전 직원에게 고객의 내용을 미리 공지해 방문할 경우를 대비한다.

3. 폭언 중단을 요청하며 감정노동자 보호법에 적용됨을 고지한다.

영업장의 설비에 따라 녹취나 CCTV에 녹화되거나 전화 녹취됨을 고지한다.

4. 중단하지 않을 경우 전화를 먼저 종료함을 고지한다.

영업장의 상황에 따라 ARS로 재연결됨을 고지한다.

5. 계속해서 폭언하는 경우 선종료한다.

6. 선종료 후 재인입이나 방문을 고려해 고객 Case를 간단히 정리해 전 직원에게 공지한다.

고객 이력에 코드 그레이를 명명하고 간단히 내용 정리하여, 방문을 고려해 미리 고객 Case를 공유하는 등 내부 프로세스를 정해둔다.

7. 상담 종료 후 담당자에게 휴식시간 30분 부여한다.

8. 사법조치에 관해 법무팀에 의뢰한다.

사법처리 상황에 따라 법무팀과 조율한다.

9. 녹취 및 증거자료를 확보해둔다.

10. 고객불만 내용을 사실에 입각해 VOC를 작성한다.

사실에 입각해 작성한다_생각+느낌+사실 실습 참고. 법무팀의 답변을 첨부한다.

11. 블랙리스트로 추가할지 불만고객 전담팀에서 결정한다.

12. 불만고객 전담팀은 보고서를 작성한다.

13. VOC 결과에 본사 피드백이 오면 전체공지 후 직원을 교육한다.

□ 각 번호에서 고객이 중단하고 수긍하는 경우 코드명을 종료하고 7번부터 진행한다.

상세설명을 생략하고 매뉴얼만 간단히 표기하면 다음과 같다.

● 코드명 발령 방법 코드 그레이_Code Gray/대면 영업장의 비대면 업무

1. 응대하며 코드 그레이_Code Gray가 확인되면 1분 내로 코드명 발령한다.

2. 불만고객 전담팀은 해당 직원과 고객과의 상담을 예의주시한다.

3. 폭언 중단을 요청하며 감정노동자 보호법에 적용됨을 고지한다.

4. 중단하지 않을 경우 전화를 먼저 종료함을 고지한다.

5. 계속해서 폭언하는 경우 선종료한다.

6. 선종료 후 재인입이나 방문을 고려해 고객 Case를 간단히 정리해 전 직원에게 공지한다.

7. 상담 종료 후 담당자에게 휴식시간 30분 부여한다.

8. 사법조치에 관해 법무팀에 의뢰한다.

9. 녹취 및 증거자료를 확보해둔다.

10. 고객불만 내용을 사실에 입각해 VOC를 작성한다.

11. 블랙리스트로 추가할지 불만고객 전담팀에서 결정한다.

12. 불만고객 전담팀은 보고서를 작성한다.

13. VOC 결과에 본사 피드백이 오면 전체공지 후 직원을 교육한다.

☐ 각 번호에서 고객이 중단하고 수긍하는 경우 코드명을 종료하고 7번부터 진행한다.

이번에는 비대면 영업장의 대면 업무에 관한 코드 그레이_Code Gray 매뉴얼을 살펴보겠다. 비대면 영업장 대면 업무의 코드 그레이는 짧은 순간에 코드 블랙으로 업그레이드될 수 있다. 필자의 소견으로는 코드 그레이 고객도 경찰을 대동해 만나는 것을 권한다. 다만, 영업장의 상황에 따라 적절하게 활용할 수 있도록 하는 것이 좋겠다.

● 코드명 발령 방법 코드 그레이_Code Gray/비대면 영업장의 대면 업무

1. 비대면 영업장이나 고객이 코드 그레이 유형으로 대면을 약속한 경우 미리 영업장에 코드 그레이를 발령한다.

   불만고객 전담팀에 공지하고 경찰서에 업무협조를 요청한다.

2. 경찰을 다른 장소에서 먼저 만나 고객 약속 장소로 이동한다. 고객을 먼저 만나 경찰을 기다리는 일이 없도록 한다.

   되도록 CCTV 설치 구역에서 만나고 힘들면 휴대폰 녹취를 시작한 뒤 만나러 이동한다.

3. 언행 중단을 요청하며 감정노동자 보호법에 적용됨을 고지한다.

   영업장의 설비에 따라 녹취되거나 CCTV에 녹화됨을 고지한다.

4. 상담실로 장소를 옮기도록 설득한다.

   밖에서 대화가 종료될 수 있는 경우 굳이 장소를 옮기지 않아도 무방하다.

5. 경찰과 함께 상담한다.

6. 계속해서 폭언하는 경우, 경찰서로 이동해 경위서를 작성한다.

경위서 작성 시 고객이 매장에서 다시 난동을 부릴 시 법적 조치사항을 알리고 서명하게 한다.

7. 상담 종료 후 담당자에게 휴식시간 30분 부여한다.

8. 사법 조치에 관해 법무팀에 의뢰한다.

9. CCTV, 증인 등 증거자료를 확보해둔다.

10. 고객불만 내용을 사실에 입각해 VOC를 작성한다.

사실에 입각해 작성한다_생각+느낌+사실 실습 참고. 법무팀의 답변을 첨부한다.

11. 블랙리스트 추가 시 불만고객 전담팀에서 결정한다.

12. 불만고객 전담팀은 보고서를 작성한다.

13. VOC 결과에 본사 피드백이 오면 전체공지 후 직원을 교육한다.

□ 각 번호에서 고객이 폭언·폭행을 중단한 경우 코드명을 종료하고 7번부터 진행한다.

상세설명을 생략하고 매뉴얼만 간단히 표기하면 다음과 같다.

● 코드명 발령 방법 코드 그레이_Code Gray/비대면 영업장의 대면 업무

1. 비대면 영업장이나 고객이 코드 그레이 유형으로 대면을 약속한 경우 미리 영업장에 코드 그레이를 발령한다.

2. 경찰을 다른 장소에서 먼저 만나 고객 약속 장소로 이동한다. 고객을 먼저 만나 경찰을 기다리는 일이 없도록 한다.

3. 언행 중단을 요청하며 감정노동자 보호법에 적용됨을 고지한다.

4. 상담실로 장소를 옮기도록 설득한다.

5. 경찰과 함께 상담한다.

6. 계속해서 폭언하는 경우, 경찰서로 이동해 경위서를 작성한다.

7. 상담 종료 후 담당자에게 휴식시간 30분 부여한다.

8. 사법 조치에 관해 법무팀에 의뢰한다.

9. CCTV, 증인 등 증거자료를 확보해둔다.

10. 고객불만 내용을 사실에 입각해 VOC를 작성한다.

11. 블랙리스트 추가 시 불만고객 전담팀에서 결정한다.

12. 불만고객 전담팀은 보고서를 작성한다.

13. VOC 결과에 본사 피드백이 오면 전체공지 후 직원을 교육한다.

☐ 각 번호에서 고객이 폭언·폭행을 중단한 경우 코드명을 종료하고 7번부터 진행한다.

다음은 비대면 영업장의 비대면 업무에 관한 코드 그레이_Code Gray 매뉴얼이다.

● 코드명 발령 방법 코드 그레이_Code Gray/비대면 영업장의 비대면 업무

1. 응대하며 코드 그레이_Code Gray가 확인되면 1분 내로 코드명 발령한다.

　코드명 발령법은 영업장 시스템에 맞게 결정한다.

　(ex. 고객센터는 담당 팀장과 불만고객 전담팀에 PC 메모로 공지한다 등)

2. 불만고객 전담팀은 해당 직원과 고객과의 상담을 예의주시한다.

　고객센터의 경우 해당 팀장이 상담을 모니터링하는 등 영업장의 프로세스에 맞게 진행한다.

3. 폭언 중단을 요청하며 감정노동자 보호법에 적용됨을 고지한다.

영업장의 설비에 따라 녹취나 CCTV에 녹화됨을 고지한다.

4. 중단하지 않을 경우 전화를 먼저 종료함을 고지한다.

영업장의 상황에 따라 ARS로 재연결됨 등을 고지한다.

5. 계속해서 폭언하는 경우 선종료한다.

재인입되면 이후 어떻게 처리할지 미리 정해두어야 한다.

(ex. 불만고객 전담팀은 OB_OutBound를 진행해 계속해서 난동을 부릴 경우 내용증명 발송이

진행됨을 고지한다 등)

6. 선종료 후 재인입이나 방문을 고려해 고객 Case를 간단히 정리해 전 직원에게 공지한다.

메모에는 코드 그레이를 명명하고 간단히 내용 정리한다.

7. 상담 종료 후 담당자에게 휴식시간 30분 부여한다.

8. 사법 조치에 관해 법무팀에 의뢰한다.

사법처리 상황에 따라 법무팀과 조율한다.

9. 녹취 등 증거자료를 확보해둔다.

10. 고객불만 내용을 사실에 입각해 VOC를 작성한다.

사실에 입각해 작성한다_생각+느낌+사실 실습 참고. 법무팀의 답변을 첨부한다.

11. 블랙리스트로 추가할지 불만고객 전담팀에서 결정한다.

12. 불만고객 전담팀은 보고서를 작성한다.

13. VOC 결과에 본사 피드백이 오면 전체공지 후 직원을 교육한다.

□ 각 번호에서 고객이 중단하고 수긍하는 경우 코드명을 종료하고 7번부터 진행한다.

상세설명을 생략하고 매뉴얼만 간단히 표기하면 다음과 같다.

● 코드명 발령 방법 코드 그레이_Code Gray/비대면 영업장의 비대면 업무

1. 응대하며 코드 그레이_Code Gray가 확인되면 1분 내로 코드명 발령한다.

2. 불만고객 전담팀은 해당 직원과 고객과의 상담을 예의주시한다.

3. 폭언 중단을 요청하며 감정노동자 보호법에 적용됨을 고지한다.

4. 중단하지 않을 경우 전화를 먼저 종료함을 고지한다.

5. 계속해서 폭언하는 경우 선종료한다.

6. 선종료 후 재인입이나 방문을 고려해 고객 Case를 간단히 정리해 전 직원에 게 공지한다.

7. 상담 종료 후 담당자에게 휴식시간 30분 부여한다.

8. 사법 조치에 관해 법무팀에 의뢰한다.

9. 녹취 등 증거자료를 확보해둔다.

10. 고객불만 내용을 사실에 입각해 VOC를 작성한다.

11. 블랙리스트로 추가할지 불만고객 전담팀에서 결정한다.

12. 불만고객 전담팀은 보고서를 작성한다.

13. VOC 결과에 본사 피드백이 오면 전체공지 후 직원을 교육한다.

□ 각 번호에서 고객이 중단하고 수긍하는 경우 코드명을 종료하고 7번부터 진행한다.

대면 영업장의 경우 사전에 고객 성향을 파악할 수 없어서 경찰의 업무 협조를 요청하기 힘들다. 하지만 비대면 영업장의 대면 업무의 경우 사전

에 고객과 만나기로 약속했을 때는 미리 대비할 수 있다는 장점이 있다. 이를 활용하면 직원에게 도움이 될 것이다.

　고객센터의 경우 불만고객의 성향에 따라 스마일 모양을 표기하는 등 나름의 표기 방식을 채택하고 있는 곳도 있다. 다만, 이 스마일 모양을 표기하는 데 기존에 불만 강도를 측정하는 모델이 좀 더 명확해야 객관성을 유지할 수 있을 것으로 판단된다.

　지금까지 코드 블랙_Code Black과 코드 그레이_Code Gray 상황에서 대면 영업장과 비대면 영업장의 대면 업무와 비대면 업무에 관해 각각 매뉴얼 예시를 살펴봤다. 복잡한 것 같지만 그 안에서 공통점을 찾을 수 있다는 점이 괄목할 만하다. 그러나 매뉴얼은 단순해야 한다는 점에서 매뉴얼이 가시적인 측면에서 복잡성을 띤다는 점은 무시할 수 없다. 다음 장에서는 매뉴얼을 가시화하기 위해 필요한 프로세스 맵을 작성해보겠다.

불만고객
프로세스 맵

[매뉴얼은 복잡해]

윤 대리는 사무실에 앉아 늦은 시간까지 무언가를 열심히 읽고 있다. 정 대리가 윤 대리에게 다가온다.

정 대리 (윤 대리를 보고 깜짝 놀라며)

아직도 퇴근 안 했어?

윤 대리 응! 뭐 좀 보고 있어. 시간이 이렇게나 지났네. 퇴근 안 한 거야?

정 대리 퇴근했지.

근처에서 저녁 먹다가 휴대폰 배터리를 놓고 가서 다시 왔어.

뭘 보고 있는데 시간 가는 줄 몰랐던 거야?

윤 대리 이번에 공지된 매뉴얼! 뭐가 이렇게 복잡한지 한줄 한줄 그어가며

읽고 있어.

정 대리 뭐래? 외우려고?

윤 대리 아니! 사원에게 공지해야 하는데, 관리자인 내가 이해가 안 가니

까…. 어떻게 설명해야 할지 난감하고….

정 대리 오늘 오후에 뜬 공지 못 봤구나?

내일 매뉴얼을 간소화한 프로세스 맵이 공지될 거래.

그거 보면 될 것 같은데?

윤 대리 프로세스 맵? 그게 뭔데?

정 대리   대충 봐서 기억이 안 나는데, 매뉴얼을 보기 쉽게 도형으로 표현한 거 있잖아?

윤 대리   순서도?

정 대리   아! 그래! 순서도!

윤 대리   (깜짝 놀라며)

　　　　정말? 그럼 나 지금까지 뭐 한 거니?

정 대리   우리 회사 앞 피자집에서 피자 먹고 있어.

　　　　얼른 일어나! 같이 가자!

　　윤 대리는 못 이기는 척 가방을 들며 자리에서 일어났다.

　　지금까지 매뉴얼의 중요성은 여러 번 강조했다. 말할 것도 없이 이 책에서 가장 많은 페이지 수를 차지한다. 그런데도 텍스트가 두 줄 이상 더해지면 머리가 복잡해지는 것이 인지상정이다. 이는 직원을 교육하는 데 드는 비용이나 시간적인 측면에서도 효율적이지 않다.

　　이러한 문제를 해결하고자 Case 9에서는 불만고객 프로세스 맵을 만드는 방법을 제시한다. 매뉴얼이나 프로세스 맵은 한번 만들어놓으면 유지하거나 업데이트하는 것은 더 간단하게 가능하다. 생각보다 어렵지 않은 불만고객 프로세스 맵을 함께 만들어보자.

01
프로세스 맵의 필요성

프로세스 맵이 현장에서 필요한 이유는 다음과 같다.

01. 새로운 업무에 대한 교육 및 적응 시간을 단축하기 위함이다.

02. 반복적인 업무 현황 파악을 통해 업무 과부하 및 낭비를 제거할 수 있다.

03. 매뉴얼이 투명해지고 정형화될 수 있는 기반을 마련한다.

기업이 가장 많은 예산을 사용하는 항목 중 하나가 신입사원을 교육 및 훈련하는 비용이다. 매뉴얼은 어렵다. 전체적인 업무 프로세스를 파악하고 있어야 이해되는 것이 매뉴얼이다. 그것도 일상적이지 않은 단어의 조합으로 구성되어 있어 암기하기 쉽지 않다. 매뉴얼은 만드는 것도 중요하지만 사원들이 이해하고 업무에 적용해 수행하는 것이 더 중요하다. 이러한 이유로 많은 회사에서 매뉴얼을 순서도로 변환해서 사용한다.

이 같은 매뉴얼의 순서도인 프로세스 맵을 그려보기 전에 사용되는 기호를 먼저 알아보자.

24 프로세스 맵 기호

번호	기호	설명
1	⬭	순서도의 시작이나 끝을 나타내는 기호
2	☐	값을 계산하거나 대입 등을 나타내는 처리 기호
3	◇	조건이 참이면 '예', 거짓이면 '아니오'로 가는 판단 기호
4	⬡	서류로 인쇄할 것을 나타내는 인쇄 기호
5	→	기호를 연결하여 처리의 흐름을 나타내는 흐름선

순서도의 시작과 끝은 항상 **24** 의 1번 기호로 시작한다. 다음 진행하
는 업무는 2번 기호로 열거하다가 Yes or No로 나뉘어야 하는 항목에서
3번 기호를 사용한다. 보고서 작성 등 서류 작성은 4번 기호로 표현하고
이러한 번호별 흐름은 5번 기호를 사용한다. 이렇게 기호를 사용해 작성
한 고용노동부의 감정노동 종사자 건강보호 핸드북에 기재된 순서도 예
시를 살펴보고 앞의 매뉴얼을 순서도로 표현해보자.

02
프로세스 맵 작성

    이제부터 매뉴얼을 순서도로 표현하는 프로세스 맵을 작성해보자. 매뉴얼을 순서도로 작성하면 매뉴얼을 더 간소화시킬 수 있다. 간결하게 작성했다고 생각한 매뉴얼도 더 간결하게 수정 보완이 가능하다.

    먼저 코드 블랙_Code Black의 대면 영업장의 대면 업무부터 시작하겠다. 앞에서 작성한 매뉴얼을 살펴보자. 각 문장을 보면서 기호에 맞게 순서도를 그려 넣으면 된다. 누가 이 순서도를 보아도 동일하게 행동할 수 있도록 내용을 간략하지만 매뉴얼에 나온 내용이 누락되지 않도록 한다.

● 코드명 발령 방법 코드 블랙_Code Black/대면 영업장의 대면 업무

1. 응대하며 코드 블랙_Code Black이 확인되면 1분 내로 코드명 발령한다.

2. 담당자는 경찰 신고와 동시에 해당 직원을 보호하도록 다른 직원을 보낸다.

3. 언행 중단을 요청하며 감정노동자 보호법에 적용됨을 고지한다.

4. 상담실로 장소를 옮기도록 설득한다.

5. 경찰이 도착하면 함께 상담한다.

6. 계속해서 폭언·폭행하는 경우, 경찰서로 대동해 경위서를 작성한다.

7. 상담 종료 후 담당자에게 휴식시간 30분 부여한다.

8. 사법 조치에 관해 법무팀에 의뢰한다.

9. CCTV, 증인 등 증거자료를 확보해 경찰에 제출한다.

10. 사법처리 여부를 결정한다.

11. 고객불만 내용을 사실에 입각해 VOC를 작성한다.

12. 블랙리스트로 추가 시 불만고객 전담팀에서 결정한다.

13. 불만고객 전담팀은 보고서를 작성한다.

14. 접수한 VOC에 관해 본사 피드백이 오면 전체공지 후 직원을 교육한다.

□ 각 번호에서 고객이 중단하고 수긍하는 경우 코드명을 종료하고 7번부터 진행한다.

● 프로세스 맵 코드 블랙_Code Black/대면 영업장의 대면 업무

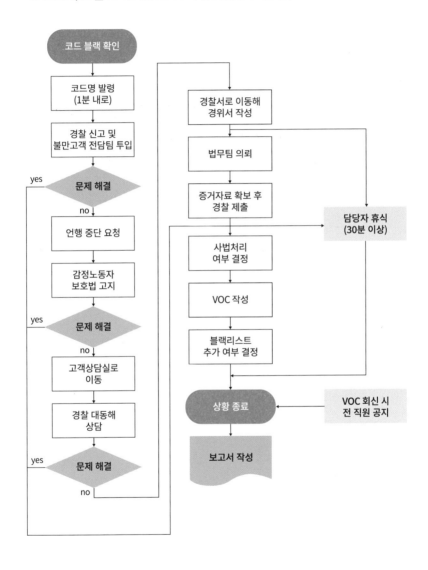

코드 블랙 확인

코드명 발령
(1분 내로)

경찰 신고 및
불만고객 전담팀 투입

문제 해결
yes
no

언행 중단 요청

감정노동자
보호법 고지

문제 해결
yes
no

고객상담실로
이동

경찰 대동해
상담

문제 해결
yes
no

경찰서로 이동해
경위서 작성

법무팀 의뢰

증거자료 확보 후
경찰 제출

사법처리
여부 결정

VOC 작성

블랙리스트
추가 여부 결정

담당자 휴식
(30분 이상)

상황 종료

VOC 회신 시
전 직원 공지

보고서 작성

다음은 코드 블랙_Code Black 대면 영업장의 비대면 업무다. 앞에서 작성한 매뉴얼은 다음과 같다. 마찬가지로 프로세스 맵을 작성하자.

● 코드명 발령 방법 코드 블랙_Code Black/대면 영업장의 비대면 업무

1. 응대하며 코드 블랙_Code Black이 확인되면 1분 내로 코드명 발령한다.

2. 불만고객 전담팀은 해당 직원과 고객과의 상담을 예의주시한다.

3. 폭언 중단을 요청하며 감정노동자 보호법에 적용됨을 고지한다.

4. 중단하지 않을 경우 전화를 먼저 종료함을 고지한다.

5. 계속해서 폭언하는 경우 선종료한다.

6. 선종료 후 재인입이나 방문을 고려해 고객 Case를 간단히 정리해 전 직원에게 공지한다.

7. 고객의 방문을 고려해 사전에 경찰서에 업무협조 요청을 해둔다.

8. 불만고객 전담팀이 고객에게 연락한다.

9. 상담 종료 후 담당자에게 휴식시간 30분 부여한다.

10. 사법처리 여부를 결정한다.

11. 녹취 및 증거자료를 확보해둔다.

12. 고객불만 내용을 사실에 입각해 VOC를 작성한다.

13. 블랙리스트로 추가할지 불만고객 전담팀에서 결정한다.

14. 불만고객 전담팀은 보고서를 작성한다.

15. VOC 결과에 본사 피드백이 오면 전체공지 후 직원을 교육한다.

□ 각 번호에서 고객이 중단하고 수긍하는 경우 코드명을 종료하고 9번부터 진행한다.

● 프로세스 맵 코드 블랙_Code Black/대면 영업장의 비대면 업무

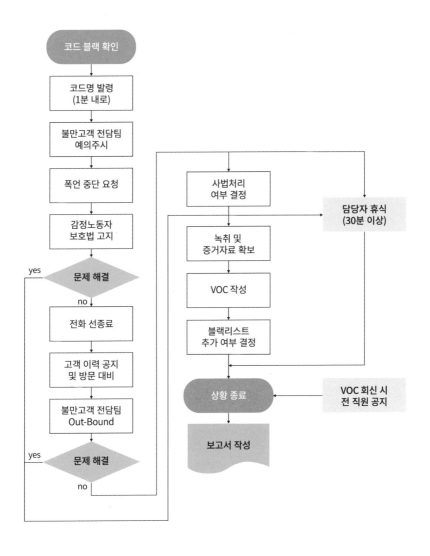

코드 블랙 확인

코드명 발령
(1분 내로)

불만고객 전담팀
예의주시

폭언 중단 요청

감정노동자
보호법 고지

문제 해결 — yes

no

전화 선종료

고객 이력 공지
및 방문 대비

불만고객 전담팀
Out-Bound

문제 해결 — yes

no

사법처리
여부 결정

담당자 휴식
(30분 이상)

녹취 및
증거자료 확보

VOC 작성

블랙리스트
추가 여부 결정

상황 종료

VOC 회신 시
전 직원 공지

보고서 작성

다음은 코드 블랙_Code Black 비대면 영업장의 대면 업무다. 앞에서 작성한 매뉴얼은 다음과 같다. 마찬가지로 프로세스 맵을 작성하자.

● **코드명 발령 방법** 코드 블랙_Code Black/비대면 영업장의 대면 업무

1. 비대면 영업장이나 고객이 코드 블랙 유형으로 대면을 약속한 경우 미리 영업장에 코드 블랙을 발령한다.
2. 경찰을 다른 장소에서 먼저 만나 고객 약속 장소로 이동한다. 고객을 먼저 만나 경찰을 기다리는 일이 없도록 한다.
3. 언행 중단을 요청하며 감정노동자 보호법에 적용됨을 고지한다.
4. 상담실로 장소를 옮기도록 설득한다.
5. 계속해서 폭언·폭행하는 경우, 경찰서로 이동해 경위서를 작성한다.
6. 상담 종료 후 담당자에게 휴식시간 30분 부여한다.
7. 사법 조치에 관해 법무팀에 의뢰한다.
8. CCTV, 증인 등 증거자료를 확보해 경찰에 제출한다.
9. 사법처리 여부를 결정한다.
10. 고객불만 내용을 사실에 입각해 VOC를 작성한다.
11. 블랙리스트 추가 시 불만고객 전담팀에서 결정한다.
12. 불만고객 전담팀은 보고서를 작성한다.
13. VOC 결과에 본사 피드백이 오면 전체공지 후 직원을 교육한다.

☐ 각 번호에서 고객이 폭언·폭행을 중단한 경우 코드명을 종료하고 6번부터 진행한다.

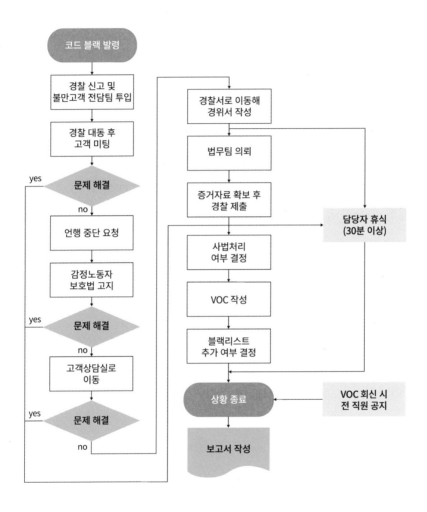

다음은 코드 블랙_Code Black 비대면 영업장의 비대면 업무다. 앞에서 작성한 매뉴얼은 다음과 같다. 마찬가지로 프로세스 맵을 작성하자.

● 코드명 발령 방법 코드 블랙_Code Black/비대면 영업장의 비대면 업무

1. 응대하며 코드 블랙_Code Black이 확인되면 1분 내로 코드명 발령한다.

2. 불만고객 전담팀은 해당 직원과 고객과의 상담을 예의주시한다.

3. 폭언 중단을 요청하며 감정노동자 보호법에 적용됨을 고지한다.

4. 중단하지 않을 경우 전화를 먼저 종료함을 고지한다.

5. 계속해서 폭언하는 경우 선종료한다.

6. 선종료 후 재인입을 고려해 고객 번호에 메모하고 전 직원에게 공지한다.

7. 불만고객 전담팀이 고객에게 연락한다.

8. 상담 종료 후 담당자에게 휴식시간 30분 부여한다.

9. 사법처리 여부를 결정한다.

10. 녹취 및 증거자료를 확보해둔다.

11. 고객불만 내용을 사실에 입각해 VOC를 작성한다.

12. 블랙리스트로 추가할지 불만고객 전담팀에서 결정한다.

13. 불만고객 전담팀은 보고서를 작성한다.

14. VOC 결과에 본사 피드백이 오면 전체공지 후 직원을 교육한다.

□ 각 번호에서 고객이 중단하고 수긍하는 경우 코드명을 종료하고 8번부터 진행한다.

● 프로세스 맵 코드 블랙_Code Black/비대면 영업장의 비대면 업무

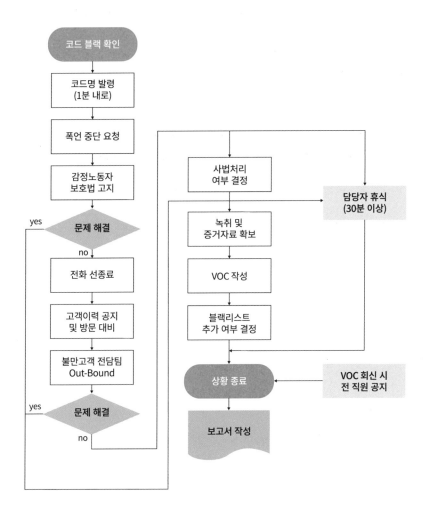

이번에는 코드 그레이_Code Gray 대면 영업장의 대면 업무다. 앞에서 작성한 매뉴얼은 다음과 같다. 마찬가지로 프로세스 맵을 작성하자.

● 코드명 발령 방법 코드 그레이_Code Gray/대면 영업장의 대면 업무

1. 응대하며 코드 그레이_Code Gray가 확인되면 1분 내로 코드명 발령한다.

2. 불만고객 전담팀은 해당 직원과 고객과의 상담을 예의주시한다.

3. 언행 중단을 요청하며 감정노동자 보호법에 적용됨을 고지한다.

4. 상담실로 장소를 옮기도록 설득한다.

5. 불만고객 전담팀이 합류해서 함께 상담한다.

6. 계속해서 폭언하는 경우, 코드 블랙으로 업그레이드한다.

7. 상담 종료 후 담당자에게 휴식시간 30분 부여한다.

8. 사법 조치에 관해 법무팀에 의뢰한다.

9. CCTV, 증인 등 증거자료를 확보해둔다.

10. 고객불만 내용을 사실에 입각해 VOC를 작성한다.

11. 블랙리스트로 추가 시 불만고객 전담팀에서 결정한다.

12. 불만고객 전담팀은 보고서를 작성한다.

13. 접수한 VOC에 관해 본사 피드백이 오면 전체공지 후 직원을 교육한다.

□ 각 번호에서 고객이 중단하고 수긍하는 경우 코드명을 종료하고 7번부터 진행한다.

● 프로세스 맵 코드 그레이_Code Gray/대면 영업장의 대면 업무

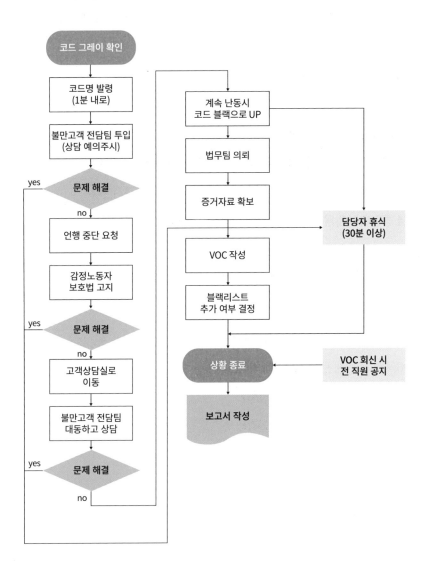

코드 그레이 확인

코드명 발령
(1분 내로)

불만고객 전담팀 투입
(상담 예의주시)

문제 해결 — yes

no

언행 중단 요청

감정노동자
보호법 고지

문제 해결 — yes

no

고객상담실로
이동

불만고객 전담팀
대동하고 상담

문제 해결 — yes

no

계속 난동시
코드 블랙으로 UP

법무팀 의뢰

증거자료 확보

VOC 작성

블랙리스트
추가 여부 결정

담당자 휴식
(30분 이상)

상황 종료

VOC 회신 시
전 직원 공지

보고서 작성

이번에는 코드 그레이_Code Gray 대면 영업장의 비대면 업무다. 앞에서 작성한 매뉴얼은 다음과 같다. 마찬가지로 프로세스 맵을 작성하자.

● 코드명 발령 방법 코드 그레이_Code Gray/대면 영업장의 비대면 업무

1. 응대하며 코드 그레이_Code Gray가 확인되면 1분 내로 코드명 발령한다.
2. 불만고객 전담팀은 해당 직원과 고객과의 상담을 예의주시한다.
3. 폭언 중단을 요청하며 감정노동자 보호법에 적용됨을 고지한다.
4. 중단하지 않을 경우 전화를 먼저 종료함을 고지한다.
5. 계속해서 폭언하는 경우 선종료한다.
6. 선종료 후 재인입이나 방문을 고려해 고객 Case를 간단히 정리해 전 직원에게 공지한다.
7. 상담 종료 후 담당자에게 휴식시간 30분 부여한다.
8. 사법 조치에 관해 법무팀에 의뢰한다.
9. 녹취 및 증거자료를 확보해둔다.
10. 고객불만 내용을 사실에 입각해 VOC를 작성한다.
11. 블랙리스트로 추가할지 불만고객 전담팀에서 결정한다.
12. 불만고객 전담팀은 보고서를 작성한다.
13. VOC 결과에 본사 피드백이 오면 전체공지 후 직원을 교육한다.

□ 각 번호에서 고객이 중단하고 수긍하는 경우 코드명을 종료하고 7번부터 진행한다.

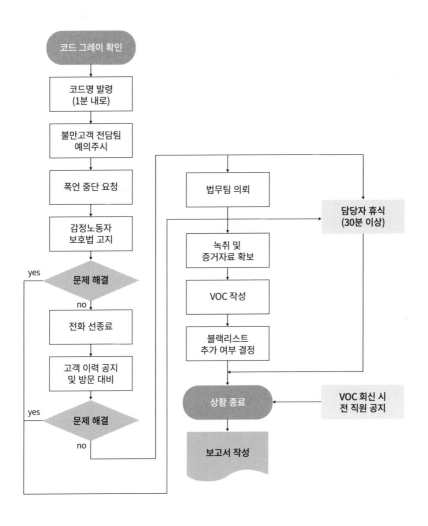

이번에는 코드 그레이_Code Gray 비대면 영업장의 대면 업무다. 앞에서 작성한 매뉴얼은 다음과 같다. 마찬가지로 프로세스 맵을 작성하자.

● **코드명 발령 방법** 코드 그레이_Code Gray/비대면 영업장의 대면 업무

1. 비대면 영업장이나 고객이 코드 그레이 유형으로 대면을 약속한 경우 미리 영업장에 코드 그레이를 발령한다.

2. 경찰을 다른 장소에서 먼저 만나 고객 약속 장소로 이동한다. 고객을 먼저 만나 경찰을 기다리는 일이 없도록 한다.

3. 언행 중단을 요청하며 감정노동자 보호법에 적용됨을 고지한다.

4. 상담실로 장소를 옮기도록 설득한다.

5. 경찰과 함께 상담한다.

6. 계속해서 폭언하는 경우, 경찰서로 이동해 경위서를 작성한다.

7. 상담 종료 후 담당자에게 휴식시간 30분 부여한다.

8. 사법 조치에 관해 법무팀에 의뢰한다.

9. CCTV, 증인 등 증거자료를 확보해둔다.

10. 고객불만 내용을 사실에 입각해 VOC를 작성한다.

11. 블랙리스트 추가 시 불만고객 전담팀에서 결정한다.

12. 불만고객 전담팀은 보고서를 작성한다.

13. VOC 결과에 본사 피드백이 오면 전체공지 후 직원을 교육한다.

☐ 각 번호에서 고객이 폭언·폭행을 중단한 경우 코드명을 종료하고 7번부터 진행한다.

● **프로세스 맵** 코드 그레이_Code Gray/비대면 영업장의 대면 업무

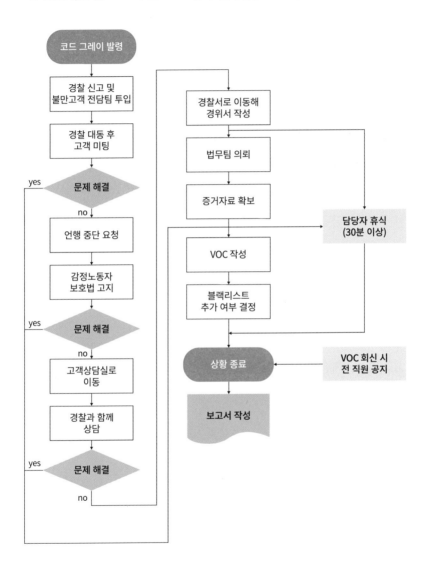

이번에는 코드 그레이_Code Gray 비대면 영업장의 비대면 업무다. 앞에서 작성한 매뉴얼은 다음과 같다. 마찬가지로 프로세스 맵을 작성하자.

● 코드명 발령 방법 코드 그레이_Code Gray/비대면 영업장의 비대면 업무

1. 응대하며 코드 그레이_Code Gray가 확인되면 1분 내로 코드명 발령한다.

2. 불만고객 전담팀은 해당 직원과 고객과의 상담을 예의주시한다.

3. 폭언 중단을 요청하며 감정노동자 보호법에 적용됨을 고지한다.

4. 중단하지 않을 경우 전화를 먼저 종료함을 고지한다.

5. 계속해서 폭언하는 경우 선종료한다.

6. 선종료 후 재인입이나 방문을 고려해 고객 Case를 간단히 정리해 전 직원에게 공지한다.

7. 상담 종료 후 담당자에게 휴식시간 30분 부여한다.

8. 사법 조치에 관해 법무팀에 의뢰한다.

9. 녹취 등 증거자료를 확보해둔다.

10. 고객불만 내용을 사실에 입각해 VOC를 작성한다.

11. 블랙리스트로 추가할지 불만고객 전담팀에서 결정한다.

12. 불만고객 전담팀은 보고서를 작성한다.

13. VOC 결과에 본사 피드백이 오면 전체공지 후 직원을 교육한다.

□ 각 번호에서 고객이 중단하고 수긍하는 경우 코드명을 종료하고 7번부터 진행한다.

● 프로세스 맵 코드 그레이_Code Gray/비대면 영업장의 비대면 업무

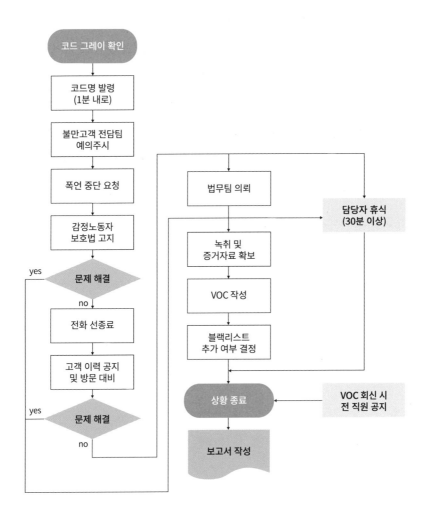

지금까지 코드 블랙_Code Black과 코드 그레이_Code Gray의 매뉴얼과 프로세스 맵 예시를 살펴보았다. 어렵다고 느낄 수도 있을 것이다. 하나의 예시를 제시하고 응용해보라고 하면 어렵다고 말씀하시는 분들이 있어 이 책에서 최대한 다양한 예시를 보여주고자 노력했다.

　영업장의 상황에 따라 매뉴얼을 만들고 경험을 쌓으면서 최대한 편리하게 사용할 수 있는 방향으로 지속해서 업그레이드를 한다면 기업에 꼭 맞는 매뉴얼을 만날 수 있을 것이다. 순서도로 만든 프로세스 맵 또한 그리 어렵지 않을 것이다. 사용한 기호를 최소화하고 최대한 단순하게 그리려고 했다. 그렇지만 필요한 내용이라고 판단되는 항목은 모두 넣었다.

　다양한 영업장에서 이 매뉴얼과 프로세스 맵이 감정노동을 최소화하는 데 도움이 되길 바란다.

Worker_Customer Balance

Part 4

감정노동자 보호법 산재 인정 기준

감정노동에도
유형이 있다

[직업별 감정표현규칙]

● 사례1

백화점 직원	(웃으며) 안녕하세요~ 무엇을 도와드릴까요?
고　　객	제가 지난번에 이 핑크색 원피스를 사 갔는데, 여기에 얼룩이 묻어 있더라고요. 환불해주세요~
백화점 직원	제가 바로 확인해드릴게요. 영수증 있으신가요?
고　　객	여기 영수증이랑 카드예요.
백화점 직원	(날짜와 지점 확인 후) 고객님, 구입하신 날짜가 한 달이 지났습니다.
고　　객	사놓고 입는다는 게 비가 내려 못 입었어요. 날씨가 풀려서 입으려고 보니까 이렇게 얼룩이 있더라니까!
백화점 직원	(안타깝고 미안한 표정으로) 죄송합니다. 고객님! 저희는 구입하시고 한 달이 지난 상품은 환불해드리기 어렵습니다. 더군다나 모든 상품은 새 상품으로 드리는데, 립스틱 자국이 있는 걸 보니 착용하신 것 같습니다.
고　　객	아니, 뭐라는 거야? 그럼, 내가 묻혀놓고 얼룩이 있다고 가져왔다는 거야, 뭐야?
백화점 직원	(놀란 표정으로) 그런 말이 아니고요. 저희 지점의 환불 규정을 말씀드리는

겁니다, 고객님!

고　　객	규정은 무슨 얼어 죽을 규정? 그럼 그 규정 만든 사람 나오라고 해요.
백화점 직원	(안타까운 표정으로)

저희 지점만의 규정이 아니라 전국 어느 매장에서도 내용은 같습니다, 고객님!

아가씨 됐고! 당신 윗사람 나오라고 해요!

직원이 불만고객 전담팀 팀장을 호출했고 팀장은 고객 응대실로 고객을 모신다. 그곳은 조명이 어두우며 편안한 음악이 흐르고 있다.

● 사례2

불만고객팀장	(정중하면서도 낮은 음성으로)

안녕하세요~ 고객님! 인사드립니다. 팀장 홍길동입니다.

고　　객	그래요. 얘기는 들으셨죠?
불만고객팀장	네! 직원에게 전달받았습니다.

구입하신 지 한 달이 넘었다고 들었습니다.

고　　객	날씨가 안 좋았잖아. 그래서 못 입었다고….
불만고객팀장	(고객의 다음 말을 조용히 기다린다)
고　　객	직원이 나보고 립스틱 자국 만들어놓고 가져온 거냐는 식으로 묻잖아요. 내가 지금 생떼를 쓴다는 거야, 뭐야?

불만고객팀장 *(고객 말에 감정을 배제하고 사실만 표현한다)*

고객님, 영수증 뒷면에도 환불과 취소 규정이 나와 있습니다. 14일 이내에 취소·환불이 가능한데, 벌써 한 달이나 지나 직원이 그렇게 안내한 것 같습니다.

고 객 그래서 환불이 안 된다는 거예요?

불만고객팀장 *(낮은 음성으로 말한다)*

고객님께서 환불 규정에 대해서 보실 수 있도록 고지된 부분을 말씀드린 겁니다. 이번 건은 제 선에서 환불 처리 해드리겠습니다.

고 객 역시 높은 사람이랑 말을 하니까 말이 통하네!

불만고객팀장 하지만 혹시라도 다음에 고객님께서 오늘처럼 구입하시고 14일 이후에 환불을 요청하실 경우에는 요청 내용을 들어드릴 수 없음을 양해 부탁드리겠습니다. 지금 서류에 서명해주시겠어요?

고 객 다음엔 이런 일 없죠. 이번에 알았는데…. 지금은 몰랐으니까 가져왔지.

불만고객팀장 그럼 서명해주시면 환불 처리 도와드리겠습니다.

고 객 알았어요.

동일한 내용으로 불만 제기하지 않겠다는 서류에 서명 후 환불받았다.

불만고객팀장   앞으로도 저희 백화점 불편 없이 이용하실 수 있도록 하겠습니다. 감사합니다.

고   객   팀장님이 잘해주셔서 저도 고맙네요. 수고하세요~

위 내용에서 '백화점 직원'과 '불만고객 전담팀 팀장'이 표현한 감정은 같은 감정인가? '백화점 직원'은 웃으며 친절을 표현하려고 노력했고, '불만고객 전담팀 팀장'은 진지한 목소리로 신뢰감과 정중함을 표현하려고 노력했다. 그렇다면 두 사람은 불만고객을 통해 같은 감정노동을 느꼈을까? 이번 차시에는 감정노동의 유형에 대해 알아보고 나의 현재 업무는 어떤 감정노동 유형에 속하는지 확인하는 시간을 갖겠다.

01
감정노동이란?

근무시간 내에 불만고객을 대하는 동안 우리가 표현하는 감정은 같을까? Case 10에서는 업무상 표현하는 감정표현규칙에 대해 알아보고 각각의 감정은 어떤 감정노동을 일으키는지 살펴본다.

감정노동_Emotional Labor이란 상대방에게 자신의 감정을 숨기는 것으로, 상대방이 원하는 표정이나 행동을 만들어내기 위해 자신의 감정을 관리하는 것을 의미한다. 사회학자 앨리 러셀 혹실드에 의해 사회계층과 직업과의 관계적인 측면에서 감정노동이 어떻게 발생하는가에 관한 연구로 시작되었다. 혹실드는 사회학자이다. 그는 사회의 계층구조가 감정노동을 일으키는 원인이라고 보았다. 서비스를 제공하는 장면을 기준으로 보면 서비스를 제공받는 사람이 서비스 제공자보다 사회계층이 더 우위에 있다고 본 것이다. 서비스를 제공받는 사람인 고객이 서비스 종사자인 직원보다 사회계층이 우위에 있다는 것이다.

기업은 고객이 지불하는 비용의 대가로 제품과 서비스를 제공한다. 그런데 이 서비스 안에 '서비스 노동자'의 친절이 당연히 포함되어 있을 거라는 기대가 있다. 고객의 기대를 만족시키기 위해 서비스 노동자는 CS_Customer Service를 제공하면서 자신의 가짜 감정인 '친절'을 표현하기 위해 진짜 감정과의 괴리감에서 오는 감정노동이 발생하는 것이다.

혹실드는 감정노동의 정의에 대해 서비스 노동직에 국한하지 않고 확대했다. "감정노동은 어떤 사회적 역할을 부여하는 '외적 규범'과 자유롭고 손상되지 않은 '내적 자아'의 대립이라고 볼 수 있다."고 정의한다. '외적 규범'은 말 그대로 사회가 그 직업에 기대하는 외적으로 보이는 규범이라고 볼 수 있다. '내적 자아'는 나의 솔직한 감정이라고 보면 된다.

예를 들어, 결혼 후 여자는 시댁의 며느리가 된다. 며느리는 시댁에 가면 다음 날 아침 식사를 준비해야 할까? 며느리도 손님인데 피곤한 여정으로 내려간 시댁에서 아침 일찍 일어나 밥을 하고 싶을까? 하지만 시어머님이 차려놓은 식탁에 앉아 편안하게 아침 식사를 할 수 있는 사람은 그렇게 많지 않을 것이다. 이런 경우 '며느리'라는 단어에서 느껴지는 '외적 규범'은 '시댁에서 아침을 차려야 한다'이고, '나도 피곤한데 꼭 아침을 차려야 하나?'는 '내적 자아'라고 볼 수 있다. 혹실드는 이렇게 '외적 규범'과 '내적 자아'가 대립하는 것 자체가 감정노동이라고 말했다.

직업적인 예가 아니라 시댁의 며느리를 예로 든 이유는 국내 미디어에서 보통 서비스 노동직에 대한 내용으로 감정노동을 보도하는 경우가 대부분이지만 실질적인 감정노동은 사람을 상대하는 거의 모든 직업에서 나타나기 때문이다. Grandey_2002는 감정노동 직업군을 모든 직장인에게 확대할 필요가 있다고 주장했다.

지금까지의 감정노동 연구에 대해 정리하면 25 와 같다.

1983년 Arlie Russell Hochschild가 항공사 종업원을 대상으로 한 경험연구에서 최초로 감정노동이라는 단어를 사용했으며 감정의 표현규칙이 있다는 것을 발견한다. 1993년 Ashforth & Humphrey는 감정노동을 특정 상황에 적절한 감정을 표현하는 행위로 발전시킨다. 1996년 Morris & Feldman은 종업원과 고객 간 상호 교환과정에서 조직으로부터 요구되는 감정의 표현을 위한 종업원의 노력, 계획과 통제로 봤으며, 2000년 Grandey는 조직목표를 달성하기 위하여 느낌 및 감정표현을 규제하는 과정이라 정의한다.

25 감정노동 연구의 역사

연구자(연도)	정의
Arlie Russell Hochschild (1983)	항공사 종업원들을 대상으로 한 경험연구를 통해 감정, 표현의 규칙이 존재함을 발견
Ashforth & Humphrey(1993)	특정의 상황에 적절한 감정을 표현하는 행위로 정의
Morris & Feldman (1996)	'종업원과 고객 간 상호 교환과정에서 조직으로부터 요구되는 감정의 표현을 위한 종업원의 노력, 계획 그리고 통제'로 정의. 감정표현에서의 개인특성 및 작업 관련 환경요인의 중요성을 강조.
Grandey(2002)	조직목표들을 달성하기 위하여 느낌 및 감정표현을 규제하는 과정이라고 보고 근로자들에게 어느 정도 이런 생각을 하고 있는지를 표시하도록 하여 감정노동의 정도를 측정함

출처_내 마음의 고요함 감정노동의 지혜, 윤서영, 2016

02
직업에 따른 감정표현규칙

혹실드의 이론을 토대로 Ashforth와 Humphrey는 직업의 특성에 따른 감정표현규칙을 나누어 설명한다. 감정표현규칙을 긍정적 감정노동, 중립적 감정노동, 부정적 감정노동 이렇게 세 가지로 분류한다. 감정노동의 유형을 더 자세히 살펴보면 26 과 같다.

26 감정노동의 유형

긍정적 감정노동	중립적 감정노동	부정적 감정노동
긍정적 감정표현으로 서비스를 제공하는 직업으로, 밝은 미소를 지어야 하는 일 - 승무원, 놀이동산 직원, 고객센터 등	객관적이고 공정한 정보를 전달하는 역할을 수행하기 위해 정서적 중립성을 유지하는 일 - 무표정을 수행하는 판사, 운동경기 심판, 장의사, 카지노 딜러 등	되도록 화난 듯한 목소리와 태도를 보이며 위압적인 자세를 취함. 경멸, 공포, 위협, 공격성 등 부정적인 정서를 최대한 표출하는 일 - 형사, 경찰, 검찰, 조사관, 감독관, 보안 경비 등

● 첫째, 미디어에서 쉽게 접할 수 있는 '서비스 노동직'의 감정노동이 바로 '긍정적 감정노동'이다.

　긍정적 감정노동은 긍정적 감정표현으로 서비스를 제공해야 하는 직업으로, 항상 밝은 미소를 보여야 하는 사람들이 하는 일이라고 정의한다. 예를 들어, 고객센터 상담사나 승무원, 놀이동산 직원, 호텔 분야 서비스 산업 종사자, 미용 종사원, 교사 등이 이에 속한다. 즉, 근무 중에 웃음을 표현해야 하는 모든 직업에 해당한다고 볼 수 있다.

● 둘째는 '중립적 감정노동'으로 객관적이고 공정한 정보를 전달해야 하는 역할을 수행하기 위해 정서적 중립성을 유지하는 직업이다.

　무표정을 수행해야 하는 판사, 운동경기 심판, 장의사, 카지노 딜러, 체육학 분야직, 의사, 방송인_아나운서 등이 이에 속한다. 박근혜 대통령의 탄핵 소추를 발의했을 때의 이정미 헌재소장 권한대행 낭독은 잊을 수 없을 만큼 중후하고 신중했다. 전 국민의 신뢰를 유지하고 자신의 감정을 드러내지 않아야 하는 '중립적 감정노동'의 대표 사례라고 볼 수 있다.

● 셋째는 '부정적 감정노동'으로 되도록 화난 듯한 목소리나 태도를 보이며 위압적인 자세를 취하고 경멸, 공포, 위협, 공격성 등 부정적인 정서를 최대한 표출하는 노동을 의미한다.

　형사, 경찰, 검찰, 조사관, 감독관, 보안 경비, 채권추심 관리자, 교도소 관리자, 불만고객 담당자 등과 같은 직업이 이에 해당한다.

현대사회에서 직업적으로 요구되는 감정의 역할과 사회적인 기능에 따라 감정표현규칙을 연구해 감정노동 직업군을 재정의할 필요가 있다. 이것이 중요한 이유는 2018년 10월 18일부터 시행된 감정노동자 보호법 때문이다. '감정노동자 보호법'과 고용노동부의 '감정노동 보호 매뉴얼'은 긍정적 감정노동인 서비스 노동직에 국한되어 있다. 다양한 직업에서 발생하는 감정소진에 대한 산업안전보건법의 보호가 필요하고 이를 위해서 학문적인 연구의 바탕이 필요하다.

03
직업별 감정노동 관련 연구

그렇다면 긍정적 감정노동, 중립적 감정노동과 부정적 감정노동에 관한 연구는 어느 정도 진행되었을까? 최근 국내 연구를 살펴보면 '감정노동'이라는 용어를 사용한 연구와 그렇지 않은 연구도 있으나, 중요한 것은 직업적으로 발생하는 감정소진에 대한 연구라는 것이 공통적이다. Case 10에서는 감정노동을 사용하지 않았어도 직업적인 감정에 관한 연구를 포함해 소개하겠다.

● 먼저 긍정적 감정노동 직업군의 연구에 대해서 살펴보자.

대표적인 사례로 세계적인 주목을 받은 땅콩 회항 사건과 포스코 라면 상무 사건이 있다. 미디어에서 언급하는 감정노동은 대부분 긍정적 감정노동을 의미한다. 현재 가장 많은 연구가 이루어지고 있는 감정노동 표현규칙이다.

친절함과 미소가 강조되는 서비스 접점의 '고객센터 상담사'는 긍정적 감정노동의 대표적인 직업이라고 할 수 있다. 고객센터 상담사는 고객의 무리한 요구와 폭언, 욕설, 반말에 항상 노출되어 있다. 최수정, 정기주_2016의 연구에서 고객의 언어폭력은 상담사의 감정소진과 감정노동을 증가시키고, 이로 인해 이직률이 증가되었다. 한겨레_2019에서는 이러한 작업환

경은 자살 위험성에 노출시키고 감정노동자 보호법의 시행 이후 해당 직업군의 고소고발이 계속되고 있다고 보도했다.

27 감정노동을 많이 수행하는 직업 30선

직업코드	직업명	평균	직업코드	직업명	평균
1241	항공기 객실 승무원	4.70	0651	물리 및 직업 치료사	4.20
1054	홍보 도우미 및 판촉원	4.60	0291	비서	4.19
1032	통신서비스 및 이동통신기 판매원	4.50	1274	스포츠 및 레크리에이션 강사	4.18
1223	장례상담원 및 장례지도사	4.49	0614	치과의사	4.16
0863	아나운서 및 리포터	4.46	0711	사회복지사	4.16
0181	음식 서비스 관련 관리자	4.44	1233	여행 및 관광통역 안내원	4.15
1154	검표원	4.43	0531	경찰관	4.15
0882	마술사	4.39	1221	결혼상담원 및 웨딩플래너	4.13
1321	패스트푸드점 직원	4.39	0471	유치원 교사	4.13
0282	고객 상담원 (콜센터 상담원)	4.38	0881	연예인 및 스포츠 매니저	4.13
1212	미용사	4.35	1111	경호원	4.12
1034	텔레마케터	4.35	0331	보험 영업원	4.12
0323	출납창구 사무원	4.34	0721	보육교사	4.12
0675	응급구조사	4.34	0631	약사 및 한약사	4.11
0641	간호사 (조산사 포함)	4.33	1231	여행상품 개발자	4.10

출처_KRIVET Issue Brief, 2013, 26호

27 에서 볼 수 있듯이 감정노동 수준이 가장 높은 직업은 항공기 객실 승무원이다. 고객센터 상담사의 감정노동도 높은 편이나 전화상으로 평균 3~7분 정도 통화하는 것도 힘든 고객과 하루에서 이틀 정도의 시간을 같이한다고 생각하면 이해가 쉬울 것이다. 오랜 시간 동안 고객과 식사와 취침을 함께하는데 얼마나 다양하고 많은 사건이 생길까? 이민정, 김정만_2013의 연구에서 항공 서비스업은 다른 서비스업과 달리 항공기 내의 한정된 장소 내에서 제공하는 서비스의 공간적인 제약이 있어 수많은 비정상적인 상황이 발생한다고 했다. 고객의 수면을 도와주며, 주류도 제공하기 때문에 폭언·폭행 외에도 성추행과 성폭행 등 항공사 승무원의 감정노동 수준은 심각한 수준이다.

다음으로 교사의 직무 스트레스에 대한 건강실태조사에 따르면, 치료가 필요한 확실 우울증의 비율이 11.5%로 일반인보다 약 1.5배에서 2배 정도 높게 나타난다_김희경, 2017. 그중 담임교사의 감정노동 수준은 매우 높아 정신건강 수준이 심각한 것으로 나타났다. 예전에는 주목받는 직업이었지만, 최근에 아이를 한 명만 낳는 가구가 늘어나면서 부모들의 과잉보호, 문제 학생에 대한 처벌 불가능으로 인한 통제 어려움 등 교사들은 높은 감정노동을 호소하고 있다.

호텔 분야 서비스 산업은 서비스 산업 수준의 최고점이라고 해도 과언이 아닐 것이다. 높은 서비스를 제공하는 호텔 분야는 종업원의 말과 행동, 감정표현에 따라 서비스 질이 다르게 평가된다. 한진수, 임철환, 이혜미_2014의 연구에서는 이에 따라 종업원의 감정노동이 발생하고 그에 따른 직무 스트레스, 이직 현상 등 다양한 문제점이 나타나고 있음을 보고하고 있다.

　마지막으로 미용 종사원은 직업 특성상 생산과 소비가 동시에 이루어지는 특성이 있다. 헤어를 디자인하는 과정에서 서비스가 제공되기 때문이다. 이런 이유로 모든 부분에서 종업원의 역할을 중요하게 인식한다. 미용실에서 파마하다가 식사 시간이 되면 토스트 같은 간단한 다과를 제공하는 등 다양한 서비스 제공은 물론이고 종일 서 있어야 하기에 체력소모도 많다. 〈27〉에서 열한 번째 직업으로 미용사가 감정노동 4.35를 나타내고 있다.

　지금까지 긍정적 감정노동 표현규칙에 적용되는 직업군을 살펴보았다. 이 외에도 안경사, 물리치료사 등 다양한 직업의 연구가 진행되고 있다.

● 다음은 중립적 감정노동 직업군에 관해 알아보자.

　체육학 분야직은 중립적 감정노동 직업군으로 〈27〉에서 '스포츠 레크리에이션 강사'가 4.18로 높은 감정노동을 나타내고 있다. 스포츠 현장에서는 예의 바르게 수련에 임해야 하는 중립적 감정노동이 나타나지만, 수련생과 학부모들을 대할 때는 긍정적 감정노동에 노출되기도 하는 등 이중적인 감정노동을 표현해야 한다. 체육학 분야의 감정노동은 생활체육 지도자, 캐디, 태권도 지도자 등을 중심으로 연구되고 있다. 스포츠 현장에서 중립적 감정노동은 지도자의 관점에서 주로 연구되었다. 그러나 선수 입장에서도 신체 수련의 고통을 외면하며 지도자의 요구에 따라야 하고,

지도자에게 불평·불만을 표현해서는 안 되는 것처럼 인식되어 왔다. 어린 시절부터 훈련을 시작한 운동선수는 이러한 반복적인 정신교육으로 성폭행까지 발생하는 극단적인 사례가 최근 대중에게 알려지면서 안타까움을 사고 있다.

이번에는 연예인과 1인 방송인을 포함한 방송인에 대해서 살펴보겠다. 방송인은 긍정적 감정노동에 포함되는 것 아닐까 생각할 수도 있는데, 웃는 표정이나 공감을 표현하는 리액션을 요구하는 방송이 많기 때문이다. 방송인에 관한 연구에서는 중립적 감정노동 직업군으로 보았다. 보통 정치적 중립과 가치 중립적 태도를 대중이 엄격하게 요구하기 때문이다. 27 에서 아나운서 및 리포터가 감정노동 4.46으로 5위이다. 방송인은 정치나 종교에 대한 개인 의견을 노출해 어떤 사건의 쟁점이 되면 불특정 다수인 대중에게 공격받을 수 있다. 대중의 공격은 우울증, 불면증, 불안 등 다양한 정신질환 증세로 이어질 수 있어 이 때문에 방송인은 감정노동의 고위험군 직업으로 분류된다.

많은 연구에서 정서적인 중립을 유지해야 하는 직업으로 의사와 판사의 심리적인 측면을 다루었다. 의사는 계속해서 환자를 보기 때문에 종일 '아프다'라는 부정적인 에너지를 받는다. 판사는 법적 분쟁이나 범죄를 다루므로 살인이나 범법자와의 대면에서 다양한 부정적인 언행에 노출되어 있다. 27 에서 19위에 감정노동 4.16으로 치과의사가 나온다. 최고의 전문직에 속하는 이들 직업은 다른 직업에 비해 인간의 생명과 범죄에 대한 결정 등 타인의 인생을 바꿀 수도 있는 중대한 업무에 매번 노출된다. 부정적인 에너지에 노출되어 있는데 한편으로는 타인의 인생을 바꿀 수도 있는 중요한 결정을 해야 하는 상황이다. 이러한 이유로 매번 경험하는 부정적인 에너지에도 감정이 흐트러지지 않고 중립적인 감정을 유지해야 하는 직업이다. 미국의 로스쿨에서는 교과과정에 '마음 챙김 명상'을 포함하고 있으며 법률가로서 사고 과정 자체를 고찰하는 메타인식_metacognition을 교육 기간부터 발전시킬 수 있도록 돕는다. 국내에도 법조인과 의사의 심리적인 측면을 위해 명상 등 정신건강을 지킬 수 있는 과정이 필요하다는 연구가 발표되고 있다.

● 마지막으로 부정적 감정노동 직업군을 살펴보자.

경찰관과 소방관은 외상 후 스트레스 장애_PTSD가 심각한 것으로 보고되며 보호 대책이나 방안이 강구되어야 한다는 목소리가 커지고 있다. 27 에서 감정노동 4.34로 응급구조사_소방관가 14위, 감정노동 4.15로 경찰관이 22위에 올라 있다. 경찰관과 소방관 에피소드는 뉴스에서 자주 접할 수 있다. 취객의 난동과 폭언·폭행에 노출되는 것은 물론이고, 자살한 시체나 살인사건을 직·간접적으로 경험할 수 있는 직업이다. 실제로 소방관이었다가 삼풍백화점 붕괴 현장을 수습하고 수도원으로 들어가 종교인으로 입문한 사례도 있다. 이처럼 스트레스라고 표현하기조차 힘든 쇼크 상태를 경험할 수 있는 정신적으로 매우 힘든 직업군이라고 볼 수 있다. 2015년 치안정책연구소가 발간한 보고서에 따르면 지역 경찰 649명을 대상으로 조사한 결과, 외상 후 스트레스 장애_PTSD 저위험군 48명, 고

위험군 80명으로 총 128명_19.7%이 외상 후 스트레스 장애를 보였다. 또한, 감정노동으로 인한 후유증으로 분노, 알코올 중독, 대인기피증 등 정신질환의 위험성이 높아지며 심각한 경우는 가족해체를 경험하기도 하는 것으로 나타났다.

업무 수행을 위해서 경찰관과 소방관은 종종 무감정_emotional death 상태가 되어야 하는데, 이는 취객이나 자살소동을 벌이는 민간인을 제지할 때 필요하다. 이러한 업무 상황을 겪으면 한동안 정신이 돌아오지 않는 것 같은 느낌이 든다고 한다. 이에 언제나 사용할 수 있는 휴가와 상주하는 상담사 그리고 적극적인 복리후생이 필요하다고 치안정책연구소는 기재하고 있다.

부정적 감정노동에 속하는 다음 직업은 프롤로그에서 에피소드로 보여준 불만고객 전담팀 팀장이다. 백화점 직원은 긍정적 감정노동을 표현하지만, 불만고객팀장은 중립적 감정노동과 부정적 감정노동에 노출되어 있다. 에피소드에서는 중립적 감정노동에 그쳤지만, 비상식적인 고객인 블랙컨슈머를 대할 때는 부정적 감정노동을 해야 할 때도 있다. 형사나 경찰관과 비슷한 경우라고 볼 수 있다. '이런 식으로 하면 내용증명을 보내겠다', '앞으로 백화점으로 들어오실 수 없다' 등 고지 업무를 약간의 협박에 가깝게 수행할 수 있기 때문이다.

정신장애 유형과
인식개선의 필요

[정신장애의 인식개선 필요성]

동영상과 같이 우리나라 성인의 10명 중 3명이 평생 한 번 정도 정신장애 증상을 겪는다. 신체적으로 종종 아픈 것처럼 정신적으로도 큰 사건·사고를 겪으면서 아플 수 있다. 그런데도 정신장애에 관한 고정관념은 아직도 넘어야 할 산이 많다. Case 11에서는 정신장애에 관한 고정관념을 다시 정리하고, 정신건강에 이상신호가 생기면 정신과에 갈 의사가 있는가에 대해 고민해보길 바란다._QR코드 참고.

01
정신장애에 관한 인식개선 필요성

과거 서양에서는 정신장애를 가진 사람을 마녀 취급해 사형에 처하기도 했다. 이후 심리학과 정신의학의 발달로 이제는 정신과나 심리상담소가 우리 주변에도 상당히 많아졌다. 하지만 정신장애에 관한 고정관념은 아직도 넘어야 할 산이 많다. 살인사건이 발생하면 가장 먼저 범인이 어떤 유형의 정신장애를 갖고 있는가에 대해 기사화된다. 대중은 살인범이 사이코패스일 확률이 높다고 생각하는 경향이 있다. 한 살인사건의 범인으로 지목받는 고 모 씨에 관해 범죄심리학 이수정 교수가 경계성 성격장애라고 언급했다. 이 기사에서 '그녀는 경계성 성격장애가 아니라 사이코패스다'라는 대중의 댓글이 가장 많았다. 이것은 정신장애에 관한 이해가 낮아서 나타나는 현상이다. 앞에서 소개한 영상 내용과 마찬가지로 정신장애자가 범죄자가 될 확률은 높지 않다. 공격성이 높은 사람이 정신장애를 앓게 될 경우 범죄를 저지를 확률이 높아지는 것이다. 공격성이 낮은 사람은 정신장애를 앓더라도 다른 사람을 해치지 않는다. 오히려 정신장애보다 인간이 가지고 있는 기본적인 성향, 즉 성격이 범죄와 더 많은 연관성이 있다고 볼 수 있다.

대한신경정신의학회_2012에서 조사한 〈정신질환에 대한 한국인의 인식현황〉을 살펴보면 이러한 대중의 인식을 더 정확하게 알 수 있다. 2012년 중

앙정신보건사업지원단에서 16~69세 사이의 국민 1,020명을 대상으로 전화 설문조사를 진행했다.

'정신질환이라는 단어를 들으면 무엇이 연상되느냐'는 질문에 20%는 우울증, 16%는 치매라고 답했다. '정신질환은 누구나 걸릴 수 있는 병이다'라는 문장에 87%는 '그렇다'라고 했으며, '정신질환자는 정상적인 삶이 가능하다'라는 문장에 응답자의 66.4%는 '정상적인 삶을 누릴 수 있다'고 답했다. '정신질환자는 사회의 짐이다'라는 문장에 60%가 '그렇지 않다'고 응답했으며, '우울증은 치료 가능하다'라는 문장에는 92%의 응답자가 가능하다고 응답했다. 여기까지 보면 정신질환에 관한 인식이 긍정적인 편이라고 말할 수 있다. 하지만, '정신질환자는 위험한 편이다'라는 문장에 응답자의 73.1%가 '위험한 편이다'로 답해 아직도 정신질환자에 관한 인식에 개선되어야 할 부분이 있는 것으로 나타났다.

전문가들은 살인이나 성폭행 등 강력 범죄에서 범죄자의 정신질환에 집중해 보도하는 경향이 있다고 우려의 목소리를 내고 있다. 이런 내용은 대중이 듣기에 살인사건을 일으킨 범죄자의 정신질환이 사이코패스라고 이해하는 것이 아니라, 사이코패스이기 때문에 살인사건을 일으킨 것으로 인식할 수 있기 때문이다.

인식변화가 필요한 이유는 감정노동으로 장기간 근무하며 정신장애 증상이 발생할 수 있는데 정신장애에 관해 부정적일 경우 치료를 미루며 조기 치료의 기회를 놓칠 수 있기 때문이다. 우울증의 경우 조기 치료를 놓치게 되면 자살 등 극단적인 선택으로 연결될 수 있다. 감기에 걸린 것처럼 정신장애 증상이 보이면 진단을 받고 약물치료나 입원치료가 필요한 경우 이를 행할 수 있도록 마음의 준비를 해야 한다.

인생을 살다 보면 희노애락애오욕_喜怒哀樂愛惡欲의 일곱 가지 감정을 느낄 수 있는 사건·사고가 생기기 마련이다. 자연재해처럼 들이닥친 사건·사고는 내가 어쩔 수 없는 부분이다. 하지만, 그 사건을 어떻게 현명하게 해결할 것인가는 내 결정에 달려 있다. 내게 잠시 감기처럼 들이닥친 정신적인 아픔을 현명하게 대처하기 위해서는 이에 대해 정확히 인지하고 있어야 한다.

02
감정노동으로 인한 정신질병 인정 기준
(일본)

감정노동으로 인한 정신질병 인정 기준을 선진국 중 가장 최근에 법을 개정한 일본을 중심으로 살펴보겠다. 고용노동부의 〈감정노동으로 인한 업무상 질병 인정범위 및 기준에 관한 연구〉고용노동부, 2015를 참고하면 연구결과에 대해 상세하게 확인이 가능하다.

일본은 노동기준법 시행규칙 제35조 업무상 질병의 범위에서 '노동기준법 제75조 규정에 의한 업무상 질병은 별표 제1의 2에 의한다'로 명시하고 있으며, 업무상 질병은 "생명을 위협하는 사고의 발생, 기타 심리적으로 과도한 부담을 주는 사건을 수반하는 업무에 의한 정신 및 행동 장애 또는 이와 관련된 질병"으로 규정하고 있다. 이러한 시행규칙하에 1999년 제정된 '심리적 부하에 의한 정신장애 등에 관련된 판단지침에 관하여'를 근거로 산재 승인이 시행되었다. 정신질병 인정 요건은 다음과 같다.

● 첫째, 대상 질병이 발병된 상태이다.

선진국은 감정노동 인정 기준이 '사고 중심에서 질병 중심'으로 발전되었다고 언급한 바 있다. 일본도 마찬가지로 대상 질병이 발병되면 산업재해로 인정받을 수 있다.

● 둘째, 대상 질병의 발병 전 대략 6개월 사이에 업무에 의한 강한 심리적 부하가 인정되는 경우이다.

이 경우에는 업무 중 과도한 스트레스를 받았다는 증거자료를 제시해야 한다. 일본은 업무상 심리적 부하의 강도를 강, 중, 약으로 구분하고 구체적으로 기재하고 있다. 예를 들면 강은 '통상이라면 거절하는 것이 분명한 주문 실적에 현저한 악화가 예상되는 주문, 위법행위를 내포하는 주문 등 이지만, 중요한 고객이나 거래처이기 때문에 이를 주문받아 타 부문이나 다른 거래처와 곤란한 조정을 하게 된 경우'이다. 중, 약에 속하는 기준도 구체적으로 기재되어 있다. 주목할 것은 해당하는 업무가 반복되는 경향이 인정되는 경우 한 단계 강도를 상승시킬 수 있다. 중의 업무가 반복되면 강으로, 약의 업무가 반복되면 중으로 조정이 가능하다.

● 셋째, 업무 이외의 심리적 부하 또는 개인적 요인에 의해 대상 질병이 발병했다고는 인정되지 않는 경우이다.

이 마지막 사항이 난해한 부분이 있다. 신체 건강은 주기적으로 건강검진을 받으나 정신적인 문제가 없는데도 정신과에 방문해 정신건강을 점검하는 사람은 거의 드물기 때문이다. 오히려 정신적인 문제가 발생해도 진료를 받지 않는 사람도 있다. 이런 이유로 진단명이 나오면 그것이 업무상으로 발생한 것인지 기존에 가지고 있었던 질병인지 증명할 방법이 없다는 것이다. 평소 성격이나 생활 태도 등으로 미루어 짐작할 수밖에 없다. '개인적 요인에 의해 대상 질병이 발병했다고 인정되지 않는 경우'의 의미는 바로 이것이다. 만약 개인적인 요인에 의해 발병되었다고 증명되면 산재로 보상받을 수 없다. 이것은 '스트레스-취약성 이론'과 연결되는 내용이다. 스트레스의 절대적 강도는 비슷한 상황에서 개인의 취약성 때문에 정신질환이 일어날 수 있다고 보는 것이다. 같은 상황에서 대부분의 사람이 '난 괜찮아! 뭐 이 정도로….'라고 말하는데 이 사람만 유독 '정말 죽을 것 같아!'라고 이야기한다면 산업재해로 보호받을 수 없다는 의미이다. 통상적으로 사람들이 이 업무를 했을 때 '이 일은 누가 봐도 힘든 일이다'라는 것이 부합되어야 한다.

지금까지 살펴본 일본의 '정신질병 업무관련성 인정 요건'을 정리하면 다음과 같다.

● 정신질병 업무관련성 인정 요건 _일본_

1. 대상 질병이 발병된 상태
2. 대상 질병의 발병 전 대략 6개월 사이에 업무에 의한 강한 심리적 부하가 인정되는 경우
3. 업무 이외의 심리적 부하 또는 개인적 요인에 의해 대상 질병이 발병했다고는 인정되지 않는 경우

일본은 사원의 '특별한 사건'에 대해 '강', '중', '약'의 상세한 기준으로 해당 사건의 심리적 부하를 평가하고 구체적 사건을 살펴봄으로써 큰 틀의 객관성을 유지한다.

이번에는 일본의 정신질병 인정 기준이 산업재해로 적용된 사례에는 어떤 사건이 있는지 예시를 보자.

● 첫째, 패스트푸드 점장으로 일하던 직원이 오픈 매장과 같이 힘든 가게에 계속해서 배속되며 장시간 근무를 하게 되어 우울증이 발생했다 주장함.
한 달에 200시간 이상 초과 근무가 확인되어 '우울증'이 산재로 인정됨.

● 둘째, 영업직원이 교통사고 후 심장질환이 생기고, 교통사고 당시 죽는 것 같은 공포감을 느꼈다고 주장함.
발생한 우울증은 심리적 부하가 컸음을 인정받아 산재로 인정됨.

● 셋째, 운수회사의 파견노동자로 사내에서 분실사건의 범인으로 몰려 정신 질환이 발생했다 주장함.
법원은 심리적 부하는 인정했으나 강한 것은 아니었다며 산재로 인정 되지 않음.

일본의 산재 인정 사례와 같이 이제 국내에서도 법 개정 이후 판례에 따라 이후 사건이 영향을 받을 수 있다. 맥도날드 사건과 같은 관련 사건의 판례를 찾아보면 산재의 기준을 좀 더 명확히 확인할 수 있다.

03
감정노동으로 인한 정신장애

감정노동은 정신적 스트레스를 유발해 정신건강에 지대한 영향을 줄 수 있는 것으로 알려져 있다. 2013년 개정된 업무상 질병 인정 기준에 정신질병으로는 처음으로 외상 후 스트레스 장애가 포함되었다. 이는 최근 급증한 정신질병도 산재보상을 받을 수 있는 질환으로 인정되었음을 의미하기에 중요한 내용이다.

대부분의 직업에서 자신과 다른 사람과의 감정을 어느 정도 관리해야 하는 일을 해야 한다. 그러나 이러한 일반적인 감정 관리는 감정노동과 구별된다. 감정노동은 사원이 조직의 규범에 따라 자신의 감정을 통제하고 정해진 표현규칙_긍정적 감정노동, 중립적 감정노동, 부정적 감정노동에 따라 자신의 감정을 표현해야 하는 '인간 감정의 상품화_commercialization of human feeling' 이기 때문이다_Hochschild, 1983. 결과적으로 자신이 '어떻게 느끼는가'보다는 '어떻게 느껴야 하는가'라는 감정규칙에 의한 통제를 받게 되고 이것으로 인해 실제 감정과 표현 감정의 불일치를 경험한다. 이러한 감정의 부조화가 지속되면 정신질병으로 발전될 수 있다.

감정노동의 표현규칙을 다시 한번 살펴보면, 긍정적 감정노동, 중립적 감정노동, 부정적 감정노동으로 나눌 수 있다. 같이 근무하던 한 팀장의 아버지가 중립적 감정노동에 속하는 군인이었다. 자신의 아버지가 항상 강압적으로 자신을 대하는 것에 상당한 불만이 있었으나 아이러니하게도 이 팀장은 부하직원에게 강압적인 명령을 남발해서 사원들이 집단으로 퇴사하는 사태가 벌어지기도 했다. 아버지의 감정노동이 자녀인 팀장에게 전이된 것이다. 이렇게 자신의 진짜 감정이 아닌 '감정노동'은 업무가 끝난 상태에서도 실생활에 잔존하며 영향을 미친다. '감정 중화'가 제대로 이루어지지 않은 경우에 마치 '직업적 감정=나의 진짜 감정'인 것처럼 굳어버리게 된다. 군 조직에서 강압적으로 말하는 습관이 집안에서도 계속된 것이다.

그렇다면 정신건강을 어떻게 관리하면 좋을까?

불만고객 전담팀의 윤 팀장은 이번 주 내내 특별한 요구사항 없이 자신의 모든 질문을 법 조항에 근거해서 대답하라고 요구하는 고객 때문에 머리가 아프다. 이 고객과 매일 3시간 이상 통화하기 시작했고 3일이 지나자 복통과 설사 증상이 생겼으며, 새벽에 잠이 깨서 다시 잠들지 못하며 가슴이 답답했다. 하지만 윤 팀장은 평소 스트레스성 위염이 있었기에 내과 진단을 받아 약을 먹었다. 이것이 일시적이라면 괜찮다. 하지만, 증상이 지속되어 수면부족으로 인해 근무 방해를 받을 정도로 심각해지거나 계속되는 설사로 체중감소가 심해진다면 문제는 달라진다. 원인이 내과적인 요인이 아니라는 진단과 함께 정신과적 진단이 필요한 때이다. 심리적 조건에 따라 신체 증상이 생기는 것을 '신체화'라고 말한다. 즉, 내과적 이상이 없는데도 신체적으로 아픈 것이다. 이런 경우 정신과 치료를 받아야 한다.

보통 정신장애는 의사의 주관에 따라 진단명이 내려진다고 생각한다. 정신장애는 세계적으로 정신과 의사들이 진단 시 사용하는 DSM-5라는 기준을 갖고 있다. DSM-5는 병의 상태를 증상의 강약으로 판단하지 않고 현재 나타나고 있는 증상의 유무와 문제에 근거해 진단명을 내린다.

예를 들어, 우울하다며 병원에 온 윤 팀장에게 '자신이 느끼는 우울감' 등 주관적인 측정으로 진단하지 않는다.

'자신의 우울감을 10을 기준으로 표현했을 때 10이 가장 우울한 것을 의미하고 1은 전혀 우울하지 않다고 가정하면 어느 정도로 우울한가요?

이렇게 측정하지 않는다는 것이다. 우울증의 기준에 부합되느냐 그렇지 않으냐에 따라 진단을 내린다. DSM-5에는 다음과 같은 기준이 열거되어 있고 이 기준에 몇 개 이상 부합될 때 진단명이 내려진다는 객관적인 기준이 명확하게 있다. 그러므로 의사의 주관에 따른 오진이나 약물 과용 등은 걱정하지 않아도 된다.

DSM-5는 의사마다 진단에 따른 오류를 최소화하기 위해 만들어졌다. 이러한 기준 때문에 제주도 살인사건의 고 모 씨가 '사이코패스가 아니다.'라고 프로파일러들이 결론을 내린 것이다. 사이코패스도 진단기준을 가지고 있다.

ex> 1. 거의 매일 불면이나 과다수면이 나타난다.

2. 체중 조절을 하고 있지 않은 상태에서 의미 있는 체중의 감소

1개월 동안 5% 이상의 체중 변화

3. 반복적인 죽음에 대한 생각, 구체적인 계획 없이 반복되는 자살 사고에 대
한 구체적인 계획

이 책에서 정신장애의 객관성과 기준에 대해 언급하는 이유는, 이제 감
정노동자 보호법 및 직장 내 괴롭힘까지 법으로 시행되며 산재의 기준이
확장되었다. 또한, 정신건강도 시기를 놓치면 치료가 어려워질 수 있기 때
문에 시의적절하게 치료를 받는 것은 매우 중요하다. 이 두 가지의 이유로
간단히 진단명의 기준을 소개하고자 한다. 정신장애는 고용노동부의 《감
정노동으로 인한 업무상 질병 인정범위 및 기준에 관한 연구》에서 언급된
6개의 정신장애만 명시하겠다. 또한 DSM-5에 관한 내용은 전문서적이
아니므로 자세한 설명은 생략하며 간단하게 증상 위주로 적는다. 이는 이
러한 증상이 있을 경우 병원진료를 권고하는 의미임을 다시 한번 강조하
는 바이다.

● 첫 번째 정신장애는 주요우울장애_Major Depressive Disorder이다.

주요우울장애는 우울증의 최고 심각한 수준의 진단명이다. 진단기준의
A만 적었으며 이 외의 자세한 내용은 전문용어가 포함되어 일반인이 이
해하기에는 어려움이 있다고 판단했다.

진단기준_주요우울장애

A. 다음의 증상 가운데 5가지 또는 그 이상의 증상이 2주 연속으로 지속되며 이전의 기능 상태와 비교할 때 변화를 보이는 경우, 증상 가운데 적어도 하나는 (1)우울 기분이거나 (2)흥미나 즐거움의 상실이어야 한다.

주의: 명백한 다른 의학적 상태로 인한 증상은 포함되지 않아야 한다.

1. 하루 중 대부분 그리고 거의 매일 지속되는 우울 기분에 대해 주관적으로 보고_예, 슬픔, 공허감 또는 절망감하거나 객관적으로 관찰됨_예, 눈물 흘림

2. 거의 매일 하루 중 대부분, 거의 또는 모든 일상 활동에 대해 흥미나 즐거움이 뚜렷하게 저하됨

3. 체중 조절을 하지 않은 상태에서 의미 있는 체중의 감소_예, 1개월 동안 5% 이상의 체중 변화나 체중의 증가, 거의 매일 나타나는 식욕의 감소나 증가가 있음

4. 거의 매일 나타나는 불면이나 과다수면

5. 거의 매일 나타나는 정신운동 초조나 지연_객관적으로 관찰 가능함

6. 거의 매일 나타나는 피로나 활력의 상실

7. 거의 매일 무가치감 또는 과도하거나 부적절한 죄책감을 느낌

8. 거의 매일 나타나는 사고력이나 집중력 감소 또는 우유부단함

9. 반복적인 죽음에 대한 생각, 구체적인 계획 없이 반복되는 자살 사고, 또는 자살 시도나 자살 수행에 대한 구체적인 계획

출처_DSM-5® 정신질환의 진단 및 통계 편람 제5판, 학지사

대체적으로 아홉 가지 중 다섯 가지 이상의 증상이 2주 연속 나타난다면 진료를 받아야 한다. 이 진단의 가장 큰 특징은 계속되는 죽음에 대한 생각과 계획 그리고 행동으로 옮기는 시도가 있느냐 하는 것이다.

'주요우울장애'의 진단이 2주라는 짧은 기간을 보고 진단되는 이유는 위험도가 크기 때문이다. 자살에 관한 생각과 사고는 심하면 입원치료를 받아야 한다. 미국의 주요우울장애의 1년 유병률은 약 7%로 확인되며 연령에 따라 큰 차이를 보였다. 18~29세 집단에서 60세 이상 집단보다 3배 높은 유병률을 보인다. 이 연구결과는 노인들이 더 우울할 것이라는 편견을 깨는 내용이다.

28 연령대별 행복감과 두려움의 강도 측정

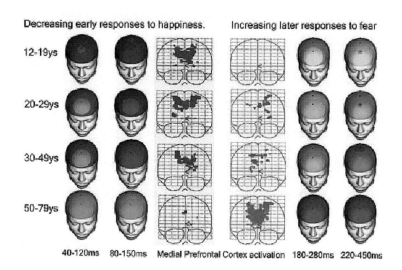

출처_LaanneM. Williams 외, 'The Mellow Years?'

실제로 뇌의 감정적 온도를 측정한 연구에서 노인들은 젊을 때보다 더 행복감을 느끼는 것으로 나타났다. 28 에서 보면 연령이 증가할수록 행복감도 증가하나, 두려움은 감소하는 것으로 나타났다. 이것은 같은 상황에서 연령이 높을수록 만족을 느끼는 수준이 높아지기 때문이다. 반대로 말하면 젊은 층이 감정에 더 민감하다고 볼 수 있다.

● 두 번째 정신장애는 적응장애_Adjustment Disorder이다.

진단기준_적응장애

A. 인식 가능한 스트레스 요인에 대한 반응으로 감정적 또는 행동적 증상이 스트레스 요인이 시작한 지 3개월 이내에 발달

B. 이러한 증상 또는 행동은 임상적으로 현저하며, 다음 중 한 가지 또는 모두에서 명백하다.

　1. 증상의 심각도와 발현에 영향을 미치는 외적 맥락과 문화적 요인을 고려할 때 스트레스 요인의 심각도 또는 강도와 균형이 맞지 않는 현저한 고통

　2. 사회적, 직업적, 또는 다른 중요한 기능 영역에서 현저한 손상

C. 스트레스와 관련된 장애는 다른 정신질환의 기준을 만족하지 않으며 이미 존재하는 정신질환의 단순한 악화가 아니다.

출처_DSM-5® 정신질환의 진단 및 통계 편람 제5판, 학지사

적응장애는 스트레스 요인이 시작한 지 3개월 이내에 발달하며 스트레스 요인이 종료된 후에 6개월 이상 증상이 지속되지 않는 경우에 진단한다. 스트레스 요인으로 인해 사회적, 직업적 또는 다른 중요한 기능 영역에서 현저한 손상이 있다고 판단될 경우이다.

● 세 번째 정신장애는 외상 후 스트레스 장애_Posttraumatic Stress Disorder 다.

진단기준_외상 후 스트레스 장애

주의점: 이 기준은 성인, 청소년 그리고 7세 이상의 아동에게 적용한다.

A. 실제적이거나 위협적인 죽음, 심각한 부상, 또는 성폭력에의 노출이 다음과 같은 방식 가운데 한 가지_또는 그 이상에서 나타난다.

　1. 외상성 사건(들)에 대한 직접적인 경험

　2. 그 사건(들)이 다른 사람들에게 일어난 것을 생생하게 목격함

　3. 외상성 사건이 가족, 가까운 친척 또는 친한 친구에게 일어난 것을 알게 됨
　　주의점: 가족, 친척 또는 친구에게 생긴 실제적이거나 위협적인 죽음은 그 사건(들)이 폭력적이거나 돌발적으로 발생한 것이어야만 한다.

　4. 외상성 사건(들)의 혐오스러운 세부 사항에 대한 반복적이거나 지나친 노출의 경험_예, 변사체 처리의 최초 대처자, 아동 학대 세부 사항에 반복적으로 노출된 경찰관

D. 외상성 사건(들)이 일어난 후에 시작되거나 악화된, 외상성 사건(들)과 관련이 있는 인지와 감정의 부정적 변화가 다음 중 2가지_또는 그 이상에서 나타난다.

1. 외상성 사건(들)의 중요한 부분을 기억할 수 없는 무능력_두부 외상, 알코올 또는

   약물 등의 이유가 아니며 전형적으로 해리성 기억상실에 기인

2. 자신, 다른 사람 또는 세계에 대한 지속적이고 과장된 부정적인 믿음 또는

   예상_예, "이 세계는 전적으로 위험하다", "누구도 믿을 수 없다"

3. 외상성 사건(들)의 원인 또는 결과에 대하여 지속적으로 왜곡된 인지를 하

   여 자신 또는 다른 사람을 비난함

4. 지속적으로 부정적인 감정 상태_예, 공포, 경악, 화, 죄책감 또는 수치심

5. 주요 활동에 대해 현저하게 저하된 흥미 또는 참여

6. 다른 사람과의 사이가 멀어지거나 소원해지는 느낌

7. 긍정적 감정을 경험할 수 없는 지속적인 무능력_예, 행복, 만족 또는 사랑의 느낌

   을 경험할 수 없는 무능력

F. 장애의 기간이 1개월 이상이어야 한다.

출처_DSM-5® 정신질환의 진단 및 통계 편람 제5판, 학지사

외상 후 스트레스 장애는 '세월호 사건'으로 대중에게 널리 알려진 진단
명이기도 하다. 7세 이상의 아동에게 적용되며 외상성 사건에 대해 직접
적으로 경험하고 그 사건과 관련된 반복적인 고통이 나타날 때 진단된다.

● 네 번째는 급성 스트레스 장애_Acute Stress Disorder 이다.

급성 스트레스 장애는 외상 후 스트레스 장애와 마찬가지로 실제적이
거나 위협적인 외상성 사건을 경험한 뒤 나타나는 장애이다. 다만 외상 후

스트레스 장애와의 차이점은 장애의 증상 기간이 3일에서 1개월까지이다. 1개월 이상 되면 외상 후 스트레스 장애로 진단된다.

● 다섯 번째 정신장애는 불안장애_Anxiety Disorder이다.

불안장애는 불안의 정도가 과도하거나 발달상의 적정한 시기를 넘어서 지속된다는 점에서 정상적인 공포나 불안과는 다르다. 또한 오랜 기간 지속된다는 점에서 종종 스트레스에 의해 유발되는 일시적인 공포나 불안과도 다르다. 불안장애 환자들은 그들이 두려워하거나 회피하는 상황에 대한 위험을 과대평가하는 경향이 있기 때문에, 그 공포나 불안이 과도한지 여부에 대한 일차적 판단은 문화적·상황적 요인을 고려하여 임상의가 내리게 된다_DSM-5, 학지사.

● 여섯 번째 정신장애는 공황장애_Panic Disorder이다.

진단기준_공황장애

A. 반복적으로 예상하지 못한 공황발작이 있다. 공황발작은 극심한 공포와 고통이 갑작스럽게 발생하여 수분 이내에 최고조에 이르러야 하며, 그 시간 동안 다음 중 4가지 이상의 증상이 나타난다.

주의점: 갑작스러운 증상의 발생은 차분한 상태나 불안한 상태에서 모두 나타날 수 있다.

1. 심계항진, 가슴 두근거림 또는 심장 박동수의 증가

2. 발한

3. 몸이 떨리거나 후들거림

4. 숨이 가쁘거나 답답한 느낌

5. 질식할 것 같은 느낌

6. 흉통 또는 가슴 불편감

7. 메스꺼움 또는 복부 불편감

8. 어지럽거나 불안정하거나 멍한 느낌이 들거나 쓰러질 것 같음

9. 춥거나 화끈거리는 느낌

10. 감각 이상 _감각이 둔해지거나 따끔거리는 느낌

11. 비현실감 _현실이 아닌 것 같은 느낌 혹은 이인증 _나에게서 분리되는 느낌

12. 스스로 통제할 수 없거나 미칠 것 같은 두려움

13. 죽을 것 같은 공포

B. 적어도 1회 이상의 발작 이후에 1개월 이상 다음 중 한 가지 이상의 조건을 만족해야 한다.

1. 추가적인 공황발작이나 그에 대한 결과 _예, 통제를 잃음, 심장발작을 일으킴에 대한 지속적인 걱정

2. 발작과 관련된 행동으로 현저하게 부적응적인 변화가 일어난다 _예, 공황발작을 회피하기 위한 행동으로 운동이나 익숙하지 않은 환경을 피하는 것 등

출처_DSM-5® 정신질환의 진단 및 통계 편람 제5판, 학지사

공황장애는 DSM-5에서 불안장애의 하위유형에 속한다. 영문 이름에도 나타나듯이 패닉_Panic 상태에 빠지는 반복적인 공황발작을 의미한다. 그 발작에는 가슴 두근거림, 발한, 질식할 것 같은 느낌 등이 포함되며 보통 감각 이상, 비현실감을 느낀다. 최근 연예인들이 겪고 있는 정신장애로 가장 많이 언급되고 있다.

지금까지 여섯 개의 정신장애를 알아보았다. 이 책에서는 진단기준 위주로 간단히 기재했으니 참고만 하자. 불만고객 응대 이후에 증세가 나타난다면 바로 치료를 받도록 권한다. 자세한 내용은 병원에서 진단과 진료를 통해 확인하도록 하자.

내 마음을 위한
감정노동 해소법

[감정의 인지]

윤 대리는 고객센터에서 불만고객 전담팀 팀장으로 일하고 있다. 퇴근하는 길에 같은 업무를 하는 하 대리와 엘리베이터에서 나누는 대화다.

윤 대리   아! 정말 미치겠어.

하 대리   아까 그 고객 때문이야? 지나가면서 들었는데, 설마 이번 주 월요일 그 고객이야?

윤 대리는 지난 월요일 억지 주장을 하는 고객과 3시간 통화했다. 그날은 너무 힘들었는데, 그것이 시작이라는 것을 미처 몰랐다. 오늘은 금요일인데, 이번 주 내내 그 고객에게 시달려야 했다.

윤 대리   벌써 5일째라고…. 특별히 원하는 것도 없어. 그냥 괴롭히는 거야. 정말 미치고 펄쩍 뛰게 만든다니까!

하 대리   대체 뭐라는데?

윤 대리   자기가 묻는 모든 질문에 법 조항에 근거해서 대답하래! 나 참 내. 좋은 머리로 좋은 대학 들어가면 사람 이런 식으로 괴롭혀도 되는 거야?

하 대리   대학생이야?

윤 대리　○○대 2학년인데 방학이라 할 일이 없대.

하 대리　미쳤구나! 무슨 질문이길래 법 조항에 근거해서 대답하래?

윤 대리　별거 없어. 부가서비스를 하나하나 열거하면서 왜 이렇게 서비
　　　　 스가 제공되는 거냐고.

하 대리　뭐래? 단순히 궁금해서 그러는 거야?

윤 대리　모르겠어. 심심한가 봐.

하 대리　법무팀에서는 뭐라고 해?

윤 대리　알아서 자르래. 계속 전화하는데 나라고 자르고 싶지 않겠냐
　　　　 고. 하루에 3시간씩 통화하는데….

　엘리베이터에서 내린 하 대리는 잠시 윤 대리를 바라본다. 얼굴은 상기
되어 있고, 목소리가 격앙되어 흥분한 상태로 보인다.

하 대리　스트레스 심하겠다. 진상 고객 정말 잘못 걸렸구나!

윤 대리　어제부터는 장염이 심해서 병원 다녀. 죽을 것 같아.

하 대리　휴~ 하고 한숨 쉬어봐.

윤 대리　응?

하 대리　한숨 쉬듯이 숨을 크게 내쉬어 보라고…. 답답할 때면 저절로
　　　　 한숨이 나오잖아. 그렇게 크게 한숨을 쉬어봐.

윤 대리　(숨을 내쉰다)

　　　　 휴~

하 대리   한 번 더 크게 들이마시고 크게 내쉬어 봐.

윤 대리   (이번에는 크게 들이쉬고 내쉰다)

휴~

하 대리   우리가 답답할 때면 저절로 한숨이 나오잖아. 그게 바로 몸이
자기적으로 스트레스를 중화하는 방법이야. 숨을 크게 쉬는 것
만으로도 스트레스 호르몬인 코르티솔 분비를 줄일 수 있어.
자기 전에 몇 번 더 하고 자면 도움이 될 거야. 나도 스트레스
심한 날은 이렇게 하거든.

윤 대리   고마워. 그래, 밖에 나와서까지 고민할 일이 아니다. 나도 그만
하고 집에 가서 잠이나 자야겠다.

불만고객을 응대하면 감정노동을 느끼고 스트레스를 받는다. 스트레스는 바로 해소하지 않으면 다양한 신체적·정신적 증상을 일으킬 수 있다. 스트레스 호르몬인 코르티솔은 당장 우리 몸에 어떤 병을 만들지는 않지만 생각보다 더 오랜 시간 몸 안에 남는다. 우리 몸의 코르티솔을 최소화하는 방법에는 어떤 것이 있을까? Case 12에서는 감정노동을 측정하고 해소하는 방법을 알아본다.

01
감정노동 측정 방법

  불만고객이나 직장상사 때문에 우리는 종종 감정노동과 스트레스에 노출된다. 이것은 우리의 건강에 좋지 않은 영향을 미친다. 그래서 우리는 스스로 자신의 감정노동 수준을 측정하고 감정노동이 높을 경우 해소하는 작업을 해야 한다. 먼저 감정노동 측정 진단지를 살펴보자.

29 감정노동 측정 진단지

항목	내용	점수(5점)
표면 행위	나는 마음속으로 느끼는 것과는 다른 말과 행동으로 고객을 상대한다.	
	나는 고객에게 솔직한 감정을 숨기는 경우가 있다.	
	나는 실제 감정과 다른 감정을 표현하려고 한다.	
	나는 고객을 대할 때 형식적인 행동과 말을 한다.	
내면 행위	나는 업무를 시작하기 전에 즐거웠던 일을 생각한다.	
	나는 업무를 시작하기 전에 감정을 실제로 느끼도록 실천하려고 노력한다.	
	나는 감정표현을 다양하게 하려고 노력한다.	
	나는 진실된 감정을 표현하려고 노력한다.	

출처_관광·레저연구 제23권 제3호(통권 제58호)

29 는 혹실드_Hochschild, 1983와 그랜디_Grandey, 2000에 근거하여 감정노동을 표면화 행위_surface acting와 내면적 행위_deep acting라는 두 가지 차원으로 구성한 진단지이다. 표면화 행위는 자신의 감정과 달리 고객에게 거짓 감정을 표현하거나, 실제 감정과는 다른 행동이나 감정을 표현하는 것을 의미한다. 내면화 행위는 심층적 행동이라고도 하며, 고객_상대방에게 보여주려는 감정_상냥함, 친절 등을 실제로 느끼려 하는 것을 의미한다.

진단지는 항목별 5점 만점으로 나의 감정노동을 수치화할 수 있다. 각 항목을 읽어보자. 먼저, 표면 행위의 항목은 '나는 마음속으로 느끼는 것과는 다른 말과 행동으로 고객을 상대한다', '나는 고객에게 솔직한 감정을 숨기는 경우가 많다', '나는 실제 감정과 다른 감정을 표현하려고 한다', '나는 고객을 대할 때 형식적인 행동과 말을 한다'의 네 가지이다. 내면 행위 항목은 '나는 업무를 시작하기 전에 즐거웠던 일을 생각한다', '나는 업무를 시작하기 전에 감정을 실제로 느끼도록 실천하려고 노력한다', '나는 감정표현을 다양하게 하려고 노력한다', '나는 진실된 감정을 표현하려고 노력한다'의 네 가지이다. 각 항목을 5점 만점으로 볼 때 내가 현재 느끼는 점수는 몇 점인지 각각 기재하면 된다.

이 진단의 단점은 내가 점수를 어떻게 적느냐에 따라 감정노동의 수준이 높게 나올지 낮게 나올지 예측할 수 있다는 것이다. 예를 들어, '나는 마음속으로 느끼는 것과는 다른 말과 행동으로 고객을 상대한다'의 항목을 A는 1점으로 적고, B는 5점으로 적었다면 이 항목만 봤을 때 A와 B 중 누가 더 감정노동이 높을까? 당연히 B가 더 높을 것이다. 진단지의 점수를 진단자가 마음만 먹으면 조정할 수 있다.

고용노동부의 '감정노동 종사자 건강보호 핸드북'의 부록에도 감정노동 수준 평가표가 포함되어 있다. [29] 보다 더 많은 항목으로 평가하나 마찬가지로 내가 어떻게 답하느냐에 따라 감정노동 수치의 수준을 가늠할 수 있다. 객관성이 부족하다는 의미가 진단지가 무의미하다는 뜻은 아니다. 다만, 주관적인 판단의 기준으로 삼을 수밖에 없는 한계를 말한 것이다. 더 쉽게 말하면 A가 20점, B가 30점이 나왔다고 해서 'A가 B보다 감정노동이 10점 더 높은 상태다'라고 단언할 수 없다는 것이다.

다만, 동일한 인물의 수치로는 활용 가능하다. 예를 들어, A가 지난 달에는 24점이 나왔는데, 이번 달에는 34점이 나왔다면 A의 감정노동 수치가 10점 상승했다고 볼 수 있다. 이때에는 같은 사람의 측정치이므로 좀 더 객관적일 수 있다. 진단지는 참고용으로 활용하고 더 자세한 감정노동 수준의 진단은 병원이나 심리상담소를 찾을 것을 권한다.

02
스트레스 중화 방법

스트레스 호르몬인 코르티솔은 우리 몸에 얼마나 남아 있을까? 한 연구에서 엄마가 아이를 혼내고 그날 저녁 혈액을 채취한 결과 코르티솔 호르몬이 검출되었다. 하룻밤 자고 일어나 아침이 되었을 때 아이의 몸 안에는 코르티솔 호르몬이 남았을까? 놀랍게도 아침에 채취한 혈액에서도 코르티솔 호르몬이 검출되었다. 코르티솔은 지금 몸에 큰 병을 만들지는 않지만 긴 시간 동안 서서히 몸을 망가뜨린다. 이런 이유로 감정노동이 발생하는 직업을 가진 우리는 정신 건강뿐 아니라 육체 건강을 위해서 스트레스 해소에 관심을 가져야 한다.

30 심장 호흡

◆ 미국 하트 매스 연구소 Institute of Heart Math에서 20년간 연구
- 1단계 : 천천히 깊게 호흡한다.
- 2단계 : 스트레스를 유발하는 생각과 감정에서 멀어지는 상상을
  한다.
- 3단계 : 계속해서 호흡한다.

앞의 에피소드에서 하 대리가 한숨을 쉬어보라고 제안한 것은 실제로 스트레스 해소에 많은 도움이 되기 때문이다. 미국 하트 매스 연구소 Institute of Heart Math에서 20년간 연구한 결과, 크게 숨 쉬는 심장 호흡은 스트레스 해소에 큰 효과를 주는 것으로 밝혀졌다.

● 심장 호흡을 함께 해보자!

심장 호흡은 1단계, 천천히 그리고 깊게 호흡한다. 숨을 깊게 들이쉬고 깊게 내쉬는 것을 일정 시간 반복한다.

2단계는 스트레스를 유발하는 생각과 감정에서 멀어지는 상상을 하는 것이다. 스트레스 상황에서 멀어지는 상상을 하는 것은 어렵다. 면전에서 폭언·폭행을 했던 장면이 또렷한데 멀어지는 상상을 하라면 공감되지 않는다. 그것은 강렬했던 당시의 감정만큼 본인이 그 장면을 멀어지지 않도록 꼭 잡고 있는 것이다. 강렬했던 사건의 내 감정을 알아차리고 보듬어주는 시간이 필요하다. 내 안의 화를 멈추라는 이야기가 아니다. 분노의 감정을 가만히 들여다보고 그 분노가 내 안에서 불타오르는 것을 그대로 느낀다. 조금 더 멀어진 거리에서 바라보고 감정을 느끼고 더 멀리서 바라보고 다시 감정을 느끼는 과정을 반복하면서 의식적으로라도 사건에서 멀어져 본다.

3단계, 계속해서 호흡한다. 이때 숨을 깊게 쉬면서 심장을 마사지하듯이 손으로 문지르는 것도 좋다. 상처받은 내 마음을 문지른다고 생각하고 어루만져 주듯이 심장을 마사지한다. 이렇게 내가 나를 위로한다.

인간의 감정은 오묘해서 같은 메시지도 전달하는 방식에 따라 느끼는 감정이 다채롭다. 불만고객을 응대할 때 백화점의 상담실 조명을 낮추었다. 그처럼 나의 스트레스를 해소할 때도 조명을 어둡게 하고 촛불을 켜고 아로마 오일을 뿌려서 마음을 정화할 수 있는 분위기를 만든다. 그리고 조용히 내 마음속의 이야기를 들으면서 숨을 들이쉬고 내쉬고 온전히 내 마음을 그 안에 느끼는 시간을 갖는다. 그렇게 한다면 한숨의 효과가 크지 않더라도 분위기에 따라 나의 감정이 정화될 수 있다. 일주일에 한 번이라도 내 마음에 정성과 시간을 들여보면 어떨까 조심스럽게 권한다.

감정노동을 중화시키는 두 번째 방법은 '지금, 여기!'를 사는 것이다. 과거에 일어났던 사건에 초점이 맞추어져 있는 내 마음을 현재로 옮기는 작업이다. 심리학에서 다양한 정신증이나 신경증적 증상을 해소하기 위한 치료 방법으로 사용하고 있기도 하다. '지금, 여기!'는 강렬했던 사건의 생각 속에 빠진 나를 현재를 느낄 수 있도록 유도하는 것이다. 31 과 같이 인간은 오감_청각, 시각, 미각, 촉각, 후각을 통해서 감각을 느끼고 감각을 감지했을 때의 느낌에 따라 감정을 만든다. 이 감정이 감정노동이 아닌 감성화되려면 무엇이 필요할까? 그것이 바로 생각에서 빠져나오는 것이다. 이를 위해 불만고객의 니즈를 파악할 때도 생각+느낌+사실로 구분하는 실습을 했다.

감정노동을 중화시키는 마지막 방법은 '이제, 그만!'이라고 외치거나 생각하는 것이다. 'STOP!'이라고 말하면 자신의 생각이 감정에 휘둘리는 것을 멈출 수 있다_윤서영, 2016. 이것은 진정효과뿐 아니라 화가 났다는 사실을 자신에게 인지시키는 효과가 있다. '뭐야? 내가 화난 걸 내가 모를 수도 있어?'라고 생각할 수 있지만 화가 났던 장면을 떠올려 보라. 화났을 때의 행동을 진정된 뒤 후회한 적이 있었는가? 정말 화가 나면 '내가 화가 났다'는 생각조차 할 수 없다.

그 이유는 판단할 수 있는 전두엽을 거치지 않고 사고하기 때문이다. 분노 상태에서는 바로 반응할 수 있는 편도체로 간다. 이것은 위험에서 자신을 보호하기 위한 본능이다. 길을 가다 무서운 고양이를 만났을 때 오히려 내가 더 크게 소리지르거나 위협적으로 반응해서 고양이를 쫓아내는 것과 같은 원리이다. 이런 상황에서 전두엽을 통해 생각하고 판단한 뒤 행동하면 목숨이 위태로워질 수 있다. 그래서 편도체로 판단하고 행동하는 나를 전두엽으로 이끌어주는 방법이 바로 'STOP!'을 외치거나 생각하는 것이다. 이것은 휘몰아치는 분노를 잠시 멈추고 생각할 수 있게 만든다. 생각할 수 있다는 것은 좀 더 현명한 언행을 선택할 수 있게 된다는 것이다. 이러한 이유로 극도의 분노 상태에서는 잠시 숨을 고르고 'STOP!'을 외쳐보길 권한다.

31 감정에서 감성으로

03
감정노동 해소 방법

다양한 연구에서 어떤 힐링 프로그램을 사용했는지 알아보자.

● 첫 번째 힐링 프로그램은 산림치유 프로그램이다.

스트레스 해소에 관한 많은 연구에서 산림치유를 이용했다. 박석희 외 9명[2017]의 연구에서 교사의 스트레스에 대해 산림치유 프로그램을 적용했다. 숲속에서 휴식과 재충전을 위해 1박 2일 일정으로 힐링 프로그램을 진행했다. 처음에 숲에 들어가면서 혈압과 스트레스 지수를 측정해 자신의 상태를 파악한다. 부교감 신경의 활성화와 심신안정 및 근육이완을 촉진하는 건강 치유 장비를 체험한다. 호흡과 명상으로 자신의 감정을 깨닫고, 정서적 안정을 위해 숲길 걷기, 수중운동, 족욕 마사지 등으로 신체 활력을 증진한다. 마지막으로 처음 만나는 사람과 마음을 풀어내는 너와 나의 만남, 차를 마시며 공감대를 형성하고 소통하는 다도와 명상을 진행했다. 그 결과, 스트레스 반응지수가 20.14점에서 8.80점으로 낮아지고, 신체적 증상은 6.58에서 2.23점으로 나타났다. 우울 증상은 4.76에서 1.55점으로 나타났으며 분노 증상은 4.26점에서 0.86점으로 유의미하게 낮아진 것으로 확인되었다. 결과는 교사들의 부정 감정이 참가하기 전 17.96점에서 참가 후 11.97점으로 유의미하게 감소했다.

● 두 번째 방안은 　32　 와 같이 조직원의 긍정 정서 유발이다.

　감정노동으로 인한 스트레스를 회사가 치유해줄 수는 없으나, 일정 부분 중재해서 긍정적인 정서로 전환할 수 있다는 내용이다. 사원의 긍정 정서는 직장 내에서 직무성과에 긍정적이므로 이에 관한 수많은 연구가 진행되었다.

　공혜원_2014의 연구에서 긍정 정서의 유발 요인으로 '고객의 친사회적 행동', '조직 내 칭찬과 인정', '근로자의 성취감' 세 가지를 꼽았다. '고객의 친사회적 행동'이란 고객이 서비스에 대해 고마움을 표현하는 긍정적 감정표현이나 타인의 불만이 일어날 수 있는 상황에서 먼저 양보하는 등의 이타적 행동을 보이는 것을 의미한다. '조직 내 칭찬과 인정'은 무엇보다 상사의 칭찬이 가장 큰 효과가 있었다. 감정노동해결연구소의 강좌에 참여한 인원 232명 중 80%가 '직장상사로부터 감정노동을 느낀다'고 답했으며, 감정노동의 원인은 '상사의 업무에 대한 무시'로 답했다. 이렇게 큰 효과를 낳을 수 있는 긍정 정서의 유발 요인으로는 '상사의 칭찬'과 그 외에 조회나 미팅 시간의 '공개적 인정', 인센티브와 같은 '노력에 대한 보상 시스템'이 있다. 마지막으로 근로자의 성취감은 '목표를 달성했을 때', '고객의 문제를 해결했을 때', '조직에 기여했을 때' 동일하게 느끼는 것으로 나타났다.

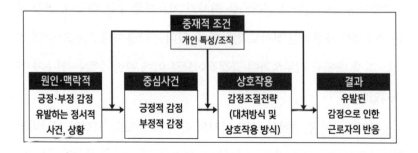

출처_직장 내 정서 경험에 따른 감정노동 프로세스 모델 구축에 관한 연구, 공혜원, 2014

● 세 번째 감정노동 해소 방안은 마음챙김 명상_mindfulness meditation이다.

마음챙김은 미국 의료계에서 심리치료를 위한 연구로 활용되어 왔다. 스트레스 감소와 정신질환 및 정신적인 질병 치유에 도움이 되어 병원, 기업, 교정시설, 군대 등에서 활용된다. 마음챙김 명상은 1979년 미국 메사추세츠 주립대학병원에서 개발된 '마음챙김에 근거한 스트레스 감소_Mindfulness-Based Stress Ruduction, MBSR 프로그램'으로 보급되기 시작했다. 시사주간지《Time》은 '명상의 과학_2003'이란 제목으로 약 1천만 명의 미국인이 규칙적으로 명상을 하며, 미국의 관공서, 기업체, 교도소, 학교, 병원, 로펌 등에서도 명상을 도입하고 있다고 보도했다.

마음챙김은 앞서 강조한 '지금, 여기!' 즉 'now-here'를 강조하는 심리학의 한 분야로 연구되고 있으며 현재 경험하는 감각_오감, 생각, 감정을 고정관념이나 판단 없이 그대로 알아차리는 것이다_Jon Kabat-zin 2013. 이러한 마음챙김은 다양한 임상 결과를 통해 우울증, 불안장애, 외상 후 스트레스장애, 불면증, 약물 남용 등 정신질환 치유에 도움이 되고, 아울러 암, 만성통증, 심장질환 등 신체적 질병에도 긍정적인 효과를 미치는 것으로 확인되었다. 이러한 마음챙김에서 진행되는 명상은 마음챙김 명상_Mindfulness meditation으로 불리며 주의_attention를 기르는 독특한 형태의 마음 수행법이다. 마찬가지로 감각을 되새기며 '지금, 여기!'를 느끼고 편안한 마음을 가지는 데 중점을 둔다.

'명상이 낯간지럽고 낯설다'는 의견이 있을 것이다. 종교가 있다면 기도를 추천한다. 종교의 장소인 절, 성당, 교회에 가서 편안한 마음으로 앉아 'I massage'를 한다. 'I massage'는 나에게 하고 싶은 말, 내가 바라는 일에 대한 혼잣말을 의미한다. 실제로 한국산업안전보건공단의 '2017년 고객응대 근로자 건강보호 우수사례 발표대회'에서 마음챙김 명상, 영성 프로그램은 반복적으로 등장하며 감정노동의 감소효과가 있었다.

● 네 번째 감정노동을 해소하는 방법은 근육이완 훈련이다.

산림치유와 마음챙김을 통해 심적 이완을 했다면, 이번에는 스트레스로 인해 경직된 근육을 이완시키는 방법이다. 요가에서도 명상하는 것을 자주 볼 수 있다. 마음의 이완과 신체의 이완은 크게 다르지 않다. 근육이완 훈련은 점진적 근육 이완법이라고도 하며 주먹을 꽉 쥐어 근육이 최고로 긴장된 상태를 느껴보고 힘을 확 빼면서 이완된 상태를 충분히 느끼는 방법이다. 보통 신체의 위에서 아래로 진행하는데 눈, 코, 입부터 발바닥까지 신체 전반을 긴장시켰다가 이완시킴으로써 마지막에는 전체를 모두 이완 시킬 수 있도록 훈련한다. 심리적 치유 방법으로 사용되며 '지금, 여기!'를 느끼는 것으로도 좋은 방법이다.

최근 기업이 사원의 스트레스 해소를 위해 진행한 우수사례에서 요가, 댄스, 수영 등 운동 학원비를 보조하는 사례가 늘고 있다. 이는 사원들의 신체활동을 권장하는 것으로 매우 긍정적이라 하겠다. 회식 문화도 과거 의 음주·가무에서 볼링, 탁구와 같이 체력적인 운동을 함께 하는 것으로 변화하고 있다.

지금까지 감정노동 해소 방안으로 산림치유, 조직원의 긍정 정서 유발, 마음챙김 명상, 근육이완 훈련 이렇게 네 가지를 살펴보았다. 이 내용을 기 업이나 본인의 상황에 맞게 응용하길 권한다. 예를 들면, 운동을 통한 신체 적 이완의 방법으로 우리 연구소 강의에서는 난타 치기 그리고 신문지 찢 기를 하기도 한다. 강의를 듣고 간 한 분은 난타 채 대신 종이컵으로 책상 을 두드리는 것으로 사원들에게 전달 강의를 했다고 한다. 산림치유도 꼭 산으로 가지 않아도 좋다. 회사 근처에 공원이 있다면 날씨 좋은 날은 점 심시간에 직원에게 산책하도록 하는 것은 어떨까?

에필로그

2014년 연구소를 차리면서 시작된 감정노동에 관한 연구가 올해로 6년 차가 되었다. 법률 개정안에 '감정노동'이라는 용어를 사용하면서 '감정노동'에 관한 대중의 관심이 집중되고 있다. 하지만 아직도 사회계층구조에서 하위계층에 해당하는 노동자 집단에 한정된 이야기라는 오해가 많은 것이 사실이다. 이에 앞으로는 감정노동이 '자신의 진짜 감정과 다른 감정을 표현해야 하는 상황'을 의미함을 대중이 정확히 인지할 수 있도록 다양한 교양서적과 강좌가 필요하다. 또한 각 직업이나 직무 특성에 따른 감정표현규칙이 다르다는 점을 인식할 수 있는 다양한 연구가 필요하다.

웃으면서 고객을 대해야 하는 긍정적 감정표현규칙뿐만 아니라 중립적 감정표현규칙, 부정적 감정표현규칙에 관한 연구가 진행되어 감정노동을 각 직업에서 발생하는 직무 스트레스로 의미를 확장시킬 필요가 있다. 이것은 더 넓은 직업군에 정신장애 등 직무 스트레스로 인한 산업재해 인정 범위를 넓히는 데 의미가 있다. 더 많은 직업군에서 산업재해 혜택을 받을 수 있도록 관련 연구자들의 관심과 노력이 필요하다.

● 참고문헌

○ 감정노동으로 인한 업무상 질병 인정범위 및 기준에 관한 연구(고용노동부, 2015)

○ 감정노동 종사자 건강보호 핸드북(고용노동부, 2017)

○ 고객경험관리(CEM)에 주목하라(박정현, 2006, LG경제연구원)

○ 고객경험 분석을 통한 커피전문점 서비스 중점관리요인 도출: 고객경험관리(CEM) 기법의 적용(양일선·강여화·신서영·정유선, 2014)

○ 관광·레저연구 제23권 제3호(통권 제58호)

○ 국내 의류업체의 CRM 도입현황(한국의류학회지, 고은주, 2006)

○ 국내 저비용항공사의 선택속성이 고객만족 및 재구매 의도에 미치는 영향(이민정, 김정만, 2013)

○ 국제 특송업체의 CRM 활동이 소비자 만족과 관계지속의도에 미치는 영향에 관한 연구(양흥모, 2007)

○ 내 마음의 고요함 감정노동의 지혜(윤서영, 2016, 커리어북스)

○ 미국 법조계와 로스쿨의 마음챙김 명상(mindfulness meditation) 도입 동향과 한국 법조계의 그 도입 전망(김기대, 2014)

○ 백화점 CRM이 고객만족과 고객충성에 미치는 영향: 대전 지역 의류제품 고객을 중심으로(박선희·박혜선, 2009)

○ 블랙 컨슈머(이승훈, 2011, 북스페이스)

○ 블랙컨슈머의 악성적 행동에 관한 사례분석_식품과 공산품을 중심으로(곽성희, 2014)

○ 산림치유프로그램이 교사의 스트레스와 긍정·부정감정에 미치는 효과(박석희 외 9명, 2017)

○ 산업안전보건법(2018) [시행 2018. 10. 18.] [법률 제15588호, 2018. 4. 17., 일부 개정], 국가 법령정보센터

○ 상담면접의 기초(김환, 이장호, 2006, 학지사)

○ 성공적인 고객경험관리(CEM)을 위한 고객 접점 및 프로세스 관리(권민진·이상식, 2006)

○ 소비자의 공적 불만대응행동에서 나타나는 문제행동(서주희, 2006)

○ 이물질 보고 및 신고현황(식품의약품안전청, 2015)

○ 재난대비 지역병원의 역할-재난응급의료 비상대응매뉴얼 교육 한국형 재난응급의료지원 기초교육과정(KDLS-Basic)(차원철, 2016)

○ 재난상황에서 경찰의 역할(동의대학교 지방자치연구소, 2018)

○ 재난대비 지역병원의 역할(차원철, 2016, 성균관의대)

○ 정신이 건강해야 삶이 행복합니다(대한신경정신의학회, 2012)

○ 정신질환의 진단 및 통계 편람 제5판(DSM-5®, 2015, 학지사)

○ 존 카밧진의 마음챙김 명상(김언조/고명선 역, 2013, 학지사)

○ 중등 과학교사의 감정표현규칙과 감정노동 유형(김희경, 2017)

○ 중소기업의 악성클레임에 대한 대응방안(대한상공회의소, 2013)

○ 직장 내 정서 경험에 따른 감정노동 프로세스 모델 구축에 관한 연구(공혜원, 2014)

○ 청소년 감정코칭(최성애, 조벽, 2012, 해냄)

○ 콜센터에서 상담사의 지각된 고객언어폭력이 감정노동과 감정소진에 미치는 영향(최수정, 정기주, 2016)

○ 콜센터 상담원 노동환경 실태발표 및 처우개선을 위한 토론회(부산청년유니온, 2015)

○ 태권도 지도자의 감정노동이 감정소진, 직무만족 및 직무성과에 미치는 영향(이광수, 허진, 2017)

○ 판매자와 상호작용 유형이 소비자들의 부적절한 불만행동에 미치는 영향에 대한 소비자역량 조절효과 분석(이영애, 2013)

○ 호텔 감정노동을 고려한 호텔서비스 매뉴얼 연구(김혁수, 2019)

○ 호텔 종사원의 감정노동이 직무소진, 직무만족 및 이직의도에 미치는 영향 연구(한진수, 임철환, 이혜미, 2014)

○ VOC를 통한 서비스 개선 방안 연구: A호텔 사례를 중심으로(이지현, 2019)

○ VOC에 나타난 불만요인들이 고객만족과 재구매의도에 미치는 영향에 관한 연구(권기영, 2012)

○ VOC 시스템과 조직 서비스역량이 공공 서비스품질에 미치는 영향에 대한 탐색적 연구(박근석, 2009)

○ Accelerationg Customer Relationships Using CRM-and Relationship Technologies (Swift, Ronald S., Upper Saddle River, NJ: Prentice Hall., 2000)

○ Communication and control processes in the delivery of service quality (Zeithaml, V. A., Berry, L. L. and Parasuraman, A. 1988)

○ Deviant consumer behavior(Mills, M. K. & Bonoma, T. V., 1979)

○ Implementing the connect the dots' approach to marketing communications

　(Schultz, D. E., Bill, C., & Scott, B., International Journal of Advertising, 2004)

○ KRIVET Issue Brief(26호, 2013)

○ Marketing is Everything(Mckenna, Regis, Harvard Business Review, 1991)

○ Repercussions of promoting and ideology of consumption(Fullerton, R. A. &

　Punj, G., 2004)

○ The Mellow Years?:Neural basis of improving Emotional Stability over Age

　(LaanneM. Williams 외)

진상고객 갑씨가 등장했다
_감정노동자 보호 매뉴얼

1쇄 2019년 11월 8일
3쇄 2023년 12월 12일

지은이　윤서영
펴낸이　윤서영
펴낸곳　커리어북스
디자인　최윤선, 배수인
편집　김정연
인쇄　예림인쇄
출판등록　제 2016-000071호
주소　용인시 기흥구 강남로 9, 504-251호
전화　070-8116-8867
팩스　070-4850-8006
블로그　blog.naver.com/career_books
페이스북　www.facebook.com/career_books
인스타그램　www.instagram.com/career_books
이메일　career_books@naver.com

값 17,000원
ISBN 979-11-959018-7-6 (03320)